수출지향공업화

주익종

8

도서출판 해남

수출지향공업화

초판1쇄 인쇄 2023년 10월 10일
초판1쇄 발행 2023년 10월 16일

저 자 주익종
발행인 노현철
발행처 도서출판 해남

출판등록 1995. 5. 10 제 1-1885호
주 소 서울특별시 마포구 마포대로8길 9 영명빌딩 405호
전 화 739-4822 **팩스** 720-4823
이 메 일 haenamin30@naver.com
홈페이지 www.hpub.co.kr

ISBN 978-89-6238-808-4 93320

이 저서는 2021년 대한민국 교육부와 한국학중앙연구원(한국학진흥사업단)을 통해 K학술확산연구소사업의 지원을 받아 수행된 연구임(AKS-2021-KDA-1250002).

머리말

한국인들이 허리띠 졸라매고 위험도 개의치 않고 밤잠 줄여 일하던 시절이 있었다. 국가 지도자는 "우리도 한 번 잘살아 보자"고, "하늘은 스스로 돕는 자를 돕는다"고 잠자는 국민들을 깨웠다. 기업인은 제품 제조와 시장 개척에 온갖 아이디어를 짜냈다. 근로자는 일자리만 있다면 서독의 탄광과 병원, 월남의 전장, 중동 열사의 사막도 마다하지 않았다. 한국이 30여 년의 시간 동안 이룩한 폭발적인 고도성장의 기본 동력은 바로 이 잘살아 보자는 욕구와 열정적인 근면함이었다.

이제 근면의 열정은 사라지고, 적나라한 욕망만 남았다. 바야흐로 요구 분출의 시대다. 내일의 성취를 위해 오늘 땀 흘리자는 독려는 '노오력'이란 비웃음을 산다. 불만스러운 오늘의 처지에 대하여 자신을 성찰하기보다 '헬조선'이라고 사회를 탓한다. 모두가 잘살게 되어 집값이 오른 것인데도, 당당히 "내놔라 공공

주택"을 외친다.

21세기 한국은 거의 모든 지표에서, 거의 모든 선진국 판정 기관이 인정하는 선진국이다. 이 선진국의 국민은 이 나라가 본래부터 선진국이었고 국가는 국민에게 풍요로운 생활을 제공할 의무가 있는 것으로 안다. 선진국으로 가는 그 출발점에서 그 어머니, 할머니가 머리카락 한 올 한 올을 심어 가발을 만들던 일, 열사의 사막에서 얼굴이 새까맣게 타도록 일을 하였던 일은 까맣게 잊혔다.

이 선진국은 오래전부터 선진국이었던 게 아니라 근래 수십 년간의 피땀 어린 노력에 행운이 결합되어 만들어진 것이다. 이 선진국이 태어나는 과정은 절호의 국제환경, 최선의 전략 선택, 국가 지도자의 전력투구, 기업인의 패기와 도전의식, 근로자의 근면이 어우러진 종합예술이었다. 그중 어느 하나가 없었더라면 이 선진국의 탄생은 불가능하였을 것이다. 이를 기억하는 것은 세상의 풍요는 저절로 만들어지지 않고 여러 경제 주체의 합심 노력에 의해서만 만들어지고 유지된다는 섭리를 깨닫는 것이기도 하다. 어느 한 경제 주체가 이 합심 노력의 대열에서 이탈한다면 이 나라는 선진국 그룹에서 탈락할 수도 있다.

한국을 선진국으로 만든 것은 수출지향공업화였다. 이 책은 한국의 수출지향공업화 과정에서 정부와 기업, 근로자 등 여러 경제 주체가 합심하여 노력한 데에 행운이 더해져 놀라운 성취를 이루었음을 보인다. 수출지향공업화라는 개발경제학에서 식상한 주제를 다루는 것은 이 때문이다.

마침 서울대 조영준 교수가 이 프로젝트를 마련해 주었다. 그간 축적된 연구에 입각하여 한국이 수출지향공업화를 통해 빈곤에서 탈피하고 선진국으로 나아가는 과정을 일반인도 이해할 수 있게 써보려 한다. 프로젝트의 진행을 독려해 준 조 교수에게 감사한다. 아울러 중간발표 원고를 읽고 유용한 조언을 해준 동학 최상오, 김대현 박사에게 감사한다. 책을 아담하게 만들어 준 도서출판 해남에도 감사한다.

2023. 9

주익종

차례

3 제조업 강국의 길로

들어가며

1965년 초여름 박충훈 상공부 장관이 상공인들과 면담을 가졌다. 당시 박 장관은 1주일에 하루는 상공인들과 면담하는 날로 정하고 상공회의소로 나가고 있었다. 이날 첫 번째 면회자는 서울통상의 최준규 사장이었다. 최 사장은 염색한 머리카락 한다발부터 내보였다. 그는 "검은 머리카락을 각종 색상으로 염색한 것으로 가발을 만들어 수출하자"고 건의하였다. 이전까지 한국은 검은 머리카락을 그대로 일본에 수출하고 있었다. 최 사장은 저렴한 인건비를 이용해서 가발을 만들어 수출하도록 인모(人毛) 수출을 금지해 달라고 요구하였고, 박 장관은 그 건의를 받아들였다.

그해 11월 미국이 중국산 인모로 만든 홍콩 가발의 수입을 일시 금지하였다. 그 덕분에 한국 가발은 미국 시장에서 날개 돋친 듯 팔려 나갔다. 1964년 13만 달러에 불과하였던 가발 수출액은 1965년 162만 달러, 1966년 1,068만 달러를 거쳐 1970년에는 9,357만 달러로 뛰어올랐다. 1970년 가발은 제3위 수출품목이었으나 외화가득률 면에서는 단연 제1위였다. 당시 최대 가발 생산업자였던 최 사장은 1971년 종합소득세 1위에 올랐다(오원철 1996b: 115~118).

우리는 위 일화에서 한국의 수출지향공업화와 관련해 몇 가지 중요한 사실을 엿볼 수 있다. 첫째로, 초창기의 한 대표적 수출 공산품은 정부와 기업인의 합작, 곧 민관협력으로 개발되었다. 기업인이 현장의 아이디어를 건의하니 정부 관료가 그를 반영하여 정책을 펼쳤다. 둘째로, 한국의 수출은 시시한, 미약한 것으로 출발하였다. 당시 한국 사회의 여건과 한국인의 능력상 그렇게 할 수밖에 없었다. 하지만 그것이 빈곤 탈출 사다리의 첫 계단을 오르는 일이었다. 셋째로, 한국의 수출산업은 근면하고 저렴한 노동력을 활용하였다. 당시 한 명의 여공이 장시간의 섬세한 노동으로만 만들 수 있었던 게 가발이었다. 넷째로, 가발 수출액은 1964~1970년의 6년간 900배나 증가하였다. 그 정도는 아니었더라도 한국의 수출은 높은 증가율을 보였고, 공업화의 기폭제가 되었다.

위의 네 가지는 한국이 개시한 수출지향공업화의 주요한 특징이다. 우리는 각각을 좀 더 충실히 구명

함으로써 수출지향공업화에 대한 이해를 높일 수 있다. 하지만 그에 앞서 더 근본적인 질문에 마주하게 된다. 왜 한국은 박정희 정부에 와서야 수출지향공업화의 길을 가게 된 것일까. 박정희 정부는 그 전략을 어떻게 고안할 수 있었나. 어떤 조건이 박정희 정부로 하여금 이 공업화 전략을 채택하게 만들었던가. 그 경제개발의 길이 성공할 수 있었던 조건은 무엇이었나. 이 점 역시 충실히 구명되어야 한다.

1980년대 이래 개발경제학 분야에서 수많은 국내외 연구자들, 특히 영미권 연구자들이 한국과 대만의 수출지향공업화 경험을 다룬 연구를 쏟아 냈다. 예를 들어, 그들은 한국, 대만 등 동아시아의 수출지향공업화 전략이 아르헨티나, 브라질 등 중남미의 수입대체공업화보다 효과적인 개발전략이었다는 데 의견을 같이 하였다. 또 그중 주류 경제학자들은 한국과 대만의 수출지향공업화의 성공이 환율, 금리, 상품가격 등의 왜곡을 줄였기 때문(이른바 시장친화적 접근(market friendly approach))이라 설명하였지만, 정부가 적극적으로 시장에 개입하여 특정 산업을 육성하는 산업정책을 쓴 덕분이라는 수정주의자들의 반론도 만만치 않다. 한편, 정치학자들은 경제개발의 성공 요인을 발전

국가(및 그 집권세력)에서 찾기도 하였다.

한국 수출지향공업화의 배경, 조건, 그 핵심적 유인체제, 수출지향공업화와 병행한 중화학공업화의 요인과 성과 등은 이미 잘 밝혀졌으므로, 저자는 그를 종합하여 한국의 수출지향공업화 과정을 재구성하려 한다. 이 책에서는 한국의 수출지향공업화 전략 수립의 경과, 그를 중심으로 한 정책 개혁 혹은 정책 전환의 국내외적 조건과 과정, 경공업에서 중화학공업으로 수출산업의 고도화(즉, 수출 대체)의 과정, 한국 산업구조의 장기적 변모 등이 다루어질 것이다. 특히, 집권자가 각각의 정책을 어떻게 고안하며 기업은 그에 어떤 영향을 미쳤는지, 또 기업은 공업의 담당자로서 어떻게 공업화를 수행하였고, 근로자는 그에 어떻게 참여하였는지가 중점적으로 조명될 것이다. 이로써 한국의 수출지향공업화는 정부가 국제환경을 잘 활용하여 최선의 전략을 선택하고 그 정책의 실행에 총력을 기울이며 기업가가 근로자와 함께 경쟁력 있는 제품을 생산해 세계 시장에 수출한 것임을 보이려 한다.

이하 제1장에서는 한국의 수출지향공업화가 추진되기까지의 전사와 그 배경으로서 제2차 세계대전 이후의 세계경제의 전개와 후진국 경제개발론, 그에 입각한 1950년대 한국의 공업화를 다룬다. 선진국 경제의 번영 속에서 후진국이 공산품을 수출할 길이 열렸지만 1950년대까지는 후진국이 공산품을 수출한다는 발상은 없었음을 알게 된다. 제2장에서는 한국의 박정희 정부가 1960년대에 수출지향공업화 전략을 수립하고 미국, 일본 등과 경제협력체제를 구축한 후 경공업 제품 수출을 급속히 늘리는 과정과 1970년대 중화학공업화와 더불어 수출품이 중화학공업 제품으로 대체되는 과정을 다룬다. 박정희 정부가 추진한 당초의 경제개발계획이 좌절된 후 우연히 찾아낸 길이 수출지향공업화였으며, 한국은 앞서 어느 나라도 가지 않은 길을 개척하였음을 알게 된다. 제3장에서는 한국의 자동차, 전자, 화학 등의 중화학공업이 세계 시장에서 경쟁력을 갖추도록 본격 발전하고, 특히 세계화의 진전 속에서 기회를 잡아 한국이 세계 제조업의 중요한 한 축이 되는 과정을 살펴본다. 이는 한국이 수출지향공업화 속에서 적절히 산업구조를 고도화하였기에 가능한 일이었음을 알게 된다.

1

20세기 후반 세계경제와 후진국 경제개발

세계경제의 재편

1945년 제2차 세계대전에서 독일, 일본 등 추축국에 승리한 연합국은 곧바로 미국 등 자유 진영과 소련 등 공산권으로 분열 대립하였다. 소련 점령하의 동유럽 각국에서는 좌우 연립정부가 속속 공산당에게 장악되었고, 중국은 치열한 내전 끝에 공산화하였다. 이와 함께 자유 진영과 공산 진영이 대립하는 냉전이 시작되었다. 한편, 아시아와 아프리카의 식민지는 속속 독립하였다. 세계는 선진 자본주의 자유 진영의 제1세계, 공산 진영의 제2세계, 신생 독립국의 제3세계로 분열하였다.

20세기 전반에 제1차 세계대전, 소련의 사회주의 건설, 대공황, 제2차 세계대전을 겪으며 시장경제와 정부 역할에 대한 사조가 크게 변하였다. 선진 자본주의 국가에서는 시장의 자기 조정과 조화로운 세계에 대한 믿음이 무너지고 정부가 적극적 시장 개입을 통해 극심한 경기변동을 막아야 한다는 케인스주의가 득세하였다. 또 국가가 가난, 질병, 무지, 불결, 나태의 5대악을 없애고 국민을 요람에서 무덤까지 보살피는 복지국가 이념도 널리 퍼졌다. 소련은 계획경제를 통해 산업화와 경제성장을 달성한 것으로 선전하였고, 이는 국가 개입주의에 대한 믿음을 강화하였다. 한마디로 국가 개입주의의 시대가 열렸다.

그럼에도 서방 선진국들은 미국의 지도력 아래서 자유무역체제를 재건함으로써 자유시장주의의 골간을 지켰다. 전간기에 열강은 자신의 시장을 지키기 위해, 식민지와 식민지 모국을 묶은 블록경제를 구축하고 블록 간의 경쟁적 관세 인상과 평가절하를 벌인 바 있었다. '너 죽고 나 살자' 식의 근린궁핍화 정책(beggar-my-neighbor policy)• 은 시장을 더한층 축소시켜 사태를 악화시켰다. 미국 등 서방 국가들은 열강 상호 간 갈등이 제2차 세계대전이란 파국을 낳은 데 대한 반성으로서, 국제협조를 통해 자유무역체제를 재건하였다. 하나의 관건은 과거의 금본위제에서 작동하였던 바와 같은 안정적 환율제도를 구축하는 것이고, 다른 하나는 무역에 대한 관세·비관세 장벽을 제거하거나 낮추는 것이었다.

근린궁핍화 정책: 다른 나라 경제를 희생시켜서 자국 경제의 회생을 도모하는 정책으로서 무역장벽으로 수입을 제한하면서 평가 절하 등으로 자국의 수출을 늘리려는 것을 말한다.

우선, 1944년 7월 미국 뉴햄프셔주의 브레튼우즈에 모인 44개국 대표들은 무역의 확대를 위해서는 환율 안정이 급선무이므로 고정환율제를 도입하는 데 합의하고, 금 1온스=35달러의 금본위 달러화에 대한 각국 통화의 환율을 고정하기(페그(peg))로 결정하였다. 미국은 금을 준비금으로 비축하고, 다른 나라들은 금과 달러를 준비금으로 비축하기로 하였다. 달러는 유일한 금태환 통화로서 국제결제의 기축통화가 되었다.

이 달러 중심 고정환율제가 원활히 작동하도록 뒷받침하는 기구로서 국제통화기금(IMF)이 1945년 창설되었다. IMF는 회원국들의 출연금으로써 회원국들에게 국제수지 방어를 위한 자금을 대출하고 각국의 거시경제 운영을 감독하는 임무를 지녔다. IMF 회원국들은 국제수지 적자가 계속됨으로써 고정환율제 유지를 위해 강도 높은 긴축이 필요한 경우에는 평가절하(환율의 조정)를 통해 대외 균형을 회복할 수도 있었다. 이는 조정 가능한 페그(adjustable peg)라 불렸다. 실제로 1949년 영국 파운드화의 44% 평가 절하를 필두로 해서 유럽 24개국 통화가 일제히 평가 절하된 일도 있었다.

유럽 각국에서 자유로운 외환시장이 열린 것은 1950년대 후반에 들어와서다. 유럽 각국은 경상수지 적자와 인플레이션을 겪는 가운데 국제수지 방어를 위해 수입규제, 자본수출 통제를 행하였으므로, 통화가 자유로이 시장에서 거래될 수 없었다. 1950년대 후반에 미국의 민간자본이 직접투자를 중심으로 유럽으로 유입하기 시작하면서 유럽 국가들의 국제수지가 안정되었고 이를 바탕으로 유럽 각국에서 통화가 태환성을 회복하였다. 이것은 상품 수출입과 같은 국제 경상거래에 필요한 외환에 대해서 자유롭게 거래할 수 있게 한, 경상거래의 태환성(current account convertibility)이었다.

1960년대 냉전하에서 미국의 해외 군사비 지출이 증가하고 미국의 무역수지가 악화되면서 달러 공급이 한층 더 늘었다. 여기에는 미국의 국제수지 적자로 다른 나라들이 준비통화로서 달러를 얻을 수 있지만 미국의 적자는 달러의 신뢰도를 약화시킨다는 트리핀 딜레마(Triffin dilemma)•가 있었다. 한편으로는 풍부한 달러 공급을 기반으로 고정환율제가 작동하였지만, 다른 한편으로는 달러 과잉이 새 문제로 등장하였다. 달러에 대한 금 태환 압력이 커졌다. 달러를 축적한 유럽 각국의 금 태환 행위로 미국의 금 준비금은 1950년대 말부터 계속 감소하였다. 결국 미국이 1971년 금 태환 정지를 선언함으로써 금환본위제가 붕괴되었고, 고정환율제도 역시 1973년에 변동환율제에 자리를 내

트리핀 딜레마: 경제학자인 로버트 트리핀(Robert Triffin)이 지적한 브레튼우즈 체제의 근본적 약점이기에 트리핀 딜레마라고 부른다.

주었다. 하지만 1970년대 초까지 고정환율제에 입각한 달러 기축통화제는 국제무역의 확장에 크게 이바지하였다.

그리고 브레튼우즈 회의의 결과로 국제부흥개발은행(IBRD)도 창설되었다. 세계은행(World Bank)이라 불리게 된 이 기구는 전쟁으로 황폐화된 유럽 국가들의 경제를 재건하고 개발도상국의 경재개발을 증진하는 것을 임무로 하였다. 세계은행은 1947년 미국이 유럽 재건을 위해 마셜 플랜을 시행하였을 때 발전, 관개, 운송 등 사회간접자본 투자에 자금을 댔으며, 나아가 개발도상국의 경제개발사업에도 자금을 공여하였다.

둘째로, 관세를 인하하고 각종 비관세 장벽을 낮추기 위한 다자 간 협정으로서 관세 및 무역에 관한 일반협정(GATT)이 1947년 체결되었다. 1944년 브레튼우즈 회의에서 국가 간 공정무역을 규제할 국제무역기구(ITO)를 창설하자는 제안이 있었으나, 그보다 훨씬 더 느슨한 협정으로 타결되었다. 협정 조인자들은 어떤 나라에 적용된 관세는 다른 모든 나라에 똑같이 적용한다는 상호 간 최혜국 대우,• 기존의 양적 규제(쿼터)의 철폐, 관세 인하, 주요 정책을 변경하기 전 상

최혜국 대우: 국제통상에 있어서 한 국가가 상대 나라에 제공한 최상의 우대조치를 다른 체약국에도 부여해야 한다는 원칙이다. 최혜국 대우 원칙은 수출국 사이의 경쟁기회를 동일하게 하기 위한 것으로 자유무역을 가능하게 하고 거래비용을 최소화할 수 있다.

호 의견 타진 등을 약속하였다.

GATT는 1947년 이래 1961년까지 다섯 차례의 협상(라운드)을 통해 관세율을 낮추었다. 특히 GATT는 1963~1967년의 이른바 케네디라운드에서 관세율을 37%나 대폭 인하하였다. 1973년 시작된 도쿄라운드에서는 관세 인하 외에도 보조금, 규제, 정부조달과 같은 비관세 장벽도 낮추었다. 개발도상국은 이 관세협정을 따르지 않아도 낮은 관세율을 적용받았기 때문에 이 자유무역체제에 '무임승차'할 수 있었다.

아울러 1960년대 컨테이너에 의한 화물 운송이 개시되어 운송비용과 시간이 대폭 절감되었으며 안전성이 크게 제고되었다. 생산공장에서 수출품을 컨테이너에 실어 트럭과 기차를 이용하여 수출항구로 운송한 후 크레인으로 배에 선적하고 다시 수입항에서 크레인으로 하역하여 기차와 트럭으로 소비지 창고까지 손쉽게 운송할 수 있었다. 이 관세율 인하와 컨테이너 화물 운송이 이 시기 무역 성장을 촉진하였다.

서방 선진국을 중심으로 한 자유 진영은 이렇게 자유무역체제를 재구축한 반면, 공산 진영과 신생 독립국은 국제무역으로부터 이탈하거나 가능한 한 무역을 축소하고자 하였다. 공산 진영의 제2세계는 그 절

정기에 약 30개 나라와 전 세계 인구의 약 1/3을 점하였다. 이 국가들의 특징은 생산수단의 국가 소유, 생산의 중앙집권적 계획화, 공산당 1당 독재, 제1세계와는 단절된 경제적 고립 및 공산권 내의 제한적인 경제교류였다. 사실상 공산권 내에서는 정치적 고려를 별도로 하면 국제분업의 계기가 약하여 무역도 거의 이루어지지 않았다.

그리고 제3세계는 제1세계 및 제2세계와도 다른 독자적 발전을 추구하였다. 많은 제3세계권 국가들은 식민지 경험에 대한 반작용으로 자립경제를 추구하면서 국영 부문이 민간 부문보다 크고 국가계획이 경제생활을 규정하는 혼합경제체제를 선택하였다. 이 나라들에서는 정부가 국유화를 통해, 혹은 민간 기업들에게 보조금이나 보호조치를 제공하여 산업을 육성하려 하였고, 외국의 다국적 기업을 배제하였다. 이들은 기본적으로 국제무역에 높은 담을 쌓고 수입대체공업화를 통해 자급자족체제를 지향하였다.

이렇게 제2차 세계대전 이후의 세계는 세 가지 그룹으로 나뉘어 각자의 길을 갔다. 그 후 세 그룹은 경제성장에서 하늘과 땅만큼의 차이를 보였다.

우선, 20세기 후반은 세계경제사에서 특기할 만한

성장의 시대였다. 세계 GDP는 1950~1998년에 연평균 3.9%씩 성장하였는데, 이는 1820~1950년의 연평균 성장률 1.6%보다 훨씬 높았다. GDP보다 무역이 더 빠르게 성장하여, GDP 대비 무역의 비율은 1950년 5.5%에서 1998년 17.2%로 높아졌다. 또 무역에 수반하여 세계 여행, 국제통신, 기타 서비스 거래도 급증하였다. 무역과 여행, 국제통신은 아이디어와 기술의 세계적 확산을 돕고, 그를 통해 경제성장을 촉진하였다. 특히 1950~1973년이 성장의 황금기였다. 경제사가 매디슨(Maddison)에 의하면, 이 기간 중 세계 GDP는 거의 연평균 5%씩 성장하고 1인당 GDP는 연평균 3%, 무역은 연평균 8% 성장하였다.

이 성장은 서방 선진국 1세계와 그에 동조한 몇몇 신생 독립국의 몫이었다. 그림 1에서 보는 서유럽과 일본이 빠른 성장을 통해 미국과의 격차를 좁혔다. 서유럽과 일본의 1인당 GDP는 1950년에 미국의 48%, 20%였으나, 1973년에는 모두 68% 수준으로 되었으며, 일본은 1998년에 미국의 75%로 그 격차를 더욱 좁혔다. 이를 미국과 여타 선진국 간 수렴(convergence)이라 한다.

또 일본을 제외한 아시아 55개국의 1인당 GDP는

|그림 1| 20세기 후반 세계 지역별 1인당 GDP의 동향

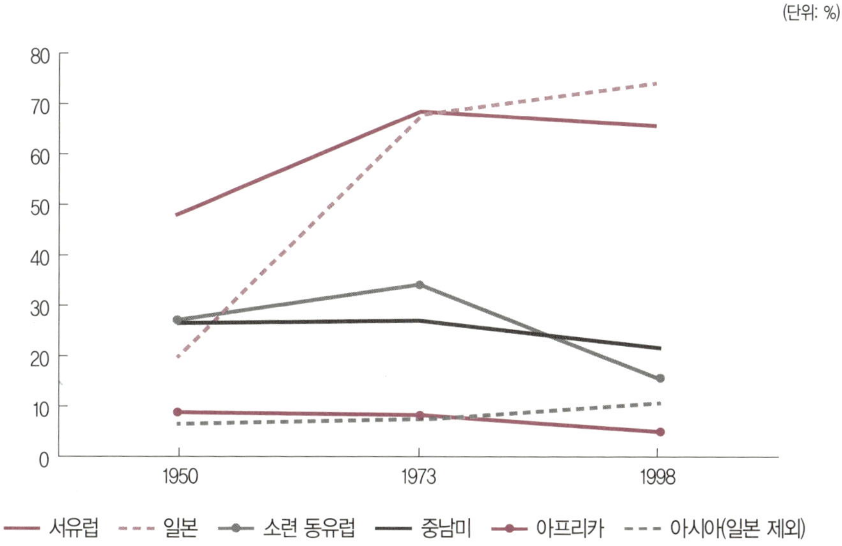

주: 미국의 1인당 소득을 100으로 하였을 때 각국 1인당 소득의 비율(%)임.
자료: Maddison(2001).

1950년 미국의 7%에서 1973년에도 7%였다가 1998년 13%로 높아졌다. 이는 먼저 한국, 대만, 싱가포르, 홍콩 등이, 이어서 동남아 각국과 중국이 고도성장을 이룩한 덕분이었다.

반면, 소련과 동유럽 공산국의 1인당 GDP는 1950년 미국의 27%에서 1973년 미국의 34%로 다소 격차를 좁혔다가 1998년에는 16%로 오히려 격차가 더 크게 벌어졌다. 제3세계 중 중남미 44개국의 1인당 GDP

는 1950년에 27%에서 1973년에도 27%를 유지하였으나 1998년에는 21%로 떨어졌다. 또 아프리카 57개국의 1인당 GDP는 1950년 미국의 9%에서 1973년 8%, 1998년 5%로 계속 낮아졌다. 아시아가 1970년대 이후 수렴의 움직임을 보인 것 외에는 공산권, 중남미와 아프리카 모두 미국과의 격차가 더욱 커졌다. 세계경제가 지속 성장하는 가운데 서유럽, 일본과 동아시아 외에는 세계경제사의 분기(divergence)가 계속되었다.

무역의 구조도 바뀌었다. 품목별로는 농산물과 연료, 광산물 등 1차 산품 비중이 줄고, 공산품 비중이 커졌다. 표 1에서 보는 것처럼 세계 수출 무역품 중 식량 및 원료, 연료의 비중은 1958년 46.5%이던 것이 1963년에는 42.3%로 되었으며, 1970년에는 32.9%로까지 떨어졌다. 여기에는 1차 산품의 공산품에 대한 교역조건이 1970년대 초까지 나빠진 영향도 있었다. 세계 무역은 천연자원 보유국에 불리하고 공산품 생산국에 유리하게 바뀌었다. 또 국가별로는 선진국의 비중이 커졌다. 세계 수출과 수입에서의 선진국 비중은 1950년대 초 65%가량이었으나 1970년대 초 70%를 넘었다.

제2차 세계대전 후 자유무역체제를 구축한 서방

|표 1| **세계 수출 무역의 품목별 구성**

(단위: %)

연도	식량 및 원료	식량·원료·연료	공업 제품
1958	35.1	46.5	52.2
1963	32.1	42.3	56.4
1970	23.8	32.9	65.4
1975	19.5	38.9	59.4
1978	18.4	35.6	62.6

자료: 宮崎犀一 外(1984: 144).

선진국이 공산권보다, 또 아시아를 제외한 제3세계보다 더 높은 경제성장을 이룩하였다. 동아시아 국가들이 이 서방 선진국의 고도성장 흐름에 합류하였는데, 이 나라들은 서방 선진국과 긴밀한 무역 및 국제분업 관계를 맺었다. 결국 제3세계권의 한 나라가 서방 선진국이 구축한 자유무역체제에 편승, 합류하느냐가 20세기 후반 그 나라 경제성장의 성패를 가른 제1차적 요인이었다.

개발경제학의 등장

각국이 자유무역을 통해 이익을 얻는다는 자유무역주의는 19세기 전반 리카도가 비교우위론을 제기한 이래 경제학의 기본 신조로 자리잡았다. 이 발상에서는 후진국이 그 경제성장을 위해 무역에 제한을 두는 것은 해서는 안 될 일이었다. 후진국은 농산물이나 천연자원과 같이 비교우위가 있는 품목을 자유롭게 수출하고 공산품과 같이 비교우위가 없는 품목을 역시 자유롭게 수입하는 것이 가장 이로운 길이었다.

그러나 이와 같은 주류의 견해에 맞서서 후진국이 공업에 대해 보호무역을 시행하여 그 공업의 발달을 도모해야 한다는 보호무역주의도 제기되었다. 미국 건국의 아버지들 중 한 명인 알렉산더 해밀턴은 영국에게서 독립한 미국의 경제체제 구축을 위하여 정부가 산업을 육성하는 데 앞장서야 하며, 영국에서 확립된 자유무역론은 미국에 들어맞지 않는다고 주장하였다.

독일의 프리드리히 리스트는 이 생각을 더 밀고 나갔다. 그는 고유의 역사와 문화를 가지며 발전 단계도 다른 각국이 영국처럼 선진적 경제를 건설하고 싶다면 각국은 자유무역을 답습할 게 아니라 다른 길을 모색해야 한다고 주장하였다. 부모가 어린아이를 보호하며 양육하는 것처럼 후진국도 자국의 유치산업을 보호하면서 육성해야 하는데, 그 한 가지 방법이 외국상품에 관세를 물려서 그 상품의 국내 판매를

막고 그 사이에 국내의 유치산업이 제조 경험을 쌓고 관련 기술을 학습하도록 해야 한다는 것이다. 이처럼 후진국의 산업발전을 위한 보호무역주의는 경제학의 비주류 견해로서 존속하였다.

제2차 세계대전의 종전 이후 아시아와 아프리카에서 수많은 식민지가 독립하였다. 이 나라들에게는 국민이 빈곤에서 탈출하도록 경제개발을 하는 것이 우선 과제였다. 이 문제를 다루는 경제학 분야로서 개발경제학(development economics)이 등장하였다.

영국 식민지였던 카리브해 세인트루시아 섬에서 태어나 런던대를 졸업한 아서 루이스(Arthur Lewis)는 개발경제학의 창시자 중 1인이었다. 그는 후진국 경제가 근대 부문과 전통 부문으로 분할된 이중경제이며, 대다수 국민이 속한 전통 부문에서는 노동의 한계생산이 제로나 마찬가지여서 그 종사자를 반으로 줄여도 생산에 아무런 차질을 빚지 않기 때문에 전통 부문이 근대 부문에 노동력을 무제한으로 공급할 수 있다고 주장하였다. 근대 부문의 기업이 사실상 잠재실업 상태에 있는 전통 부문의 노동력을 낮은 임금으로 고용해 생산을 늘릴 수 있다는 말인데, 루이스는 이것으로 후진국 경제성장의 가능성을 보여 주었다.

개발경제학의 또 다른 선구자인 영국 경제학자 폴 로젠스타인-로댄(P. Rosenstein-Rodan)은 후진국 농촌의 노동력이 도시의 공장으로 이동하는 일은 시장에서 자동으로 이루어지지 않는다고 보았다. 그는 후진국의 시장이 협소하므로 새로 한 공장을 짓는 기업가는 수요 부족 문제에 직면하며, 정부의 조율 아래서 여러 분야의 공장을 함께 건설해야 이 문제를 해결할 수 있다고 보았다. 그는 후진국에서 여러 분야에 걸쳐 막대한 투자를 하는 것을 빅 푸시(big push)라 불렀다.

또 다른 초기 개발경제학자 넉시(R. Nurkse)는 저개발국 '빈곤의 악순환론'을 제기하였다. 저개발국에서는 공급 측면에서 자본 형성의 부족으로 생산성이 낮고 소득이 낮기 때문에 저축여력이 없으며 그 결과 자본 형성을 이루지 못한다. 수요 측면에서는 자본 부족이 낳은 저소득 때문에 구매력이 작아 시장이 협소하며, 그로 인해 투자유인이 약해서 자본 형성이 부족해진다는 것이었다. 이 악순환을 벗어날 길은 정부 주도로 외자를 도입하여 투자를 대폭 늘리는 것이었다.

이상과 같은 1950년대 초기 개발경제학의 후진국 경제개발론은 모두 후진국의 자본 부족을 문제 삼는 것이었다. 무제한 노동공급 모델에서 경제발전의 핵심 요소는 근대 부문의 신속한 자본 축적이며, 빅 푸시론은 동시적인 투자를 제창하는 것이었다. 두 이론이 공히 성장은 투자에 비례하는 것이었다. 로스토(W. W. Rostow)도 '자력 발전으로의 이륙 단계'에서 이륙은 투자를 소득의 5%에서 10%로 증가시키는 것이라 주장하였다. 여기에는 자본결정론•적 사고, 자본근본주의(capital fundamentalism)•가 있었다. 이는 막대한 잠재실업 등 노동력이 풍부한 후진국에서 문제는 자본 스톡이고, 자본 스톡을 늘려야 국민소득을 늘릴 수 있다는 발상이었다.

자본결정론: 이는 산출이 자본 스톡에 비례한다는 주장(Y=A · K, ΔY=A · ΔK, Y는 국민소득, K는 자본 스톡, A는 상수인 계수, Δ는 그 증가분)에 비견할 수 있다.

자본근본주의: 근본주의란 종교 교리를 절대적 진리로 신봉하는 것을 가리키는데, 자본근본주의란 경제 운영에서 자본만 중요하다는 입장을 말한다.

한편, 후진국의 교역조건의 추이를 검토한 아르헨티나의 경제학자 프레비시(P. Prebisch) 역시 후진국의 공업 투자를 역설하였다. 후진국은 대개 커피, 바나나, 고무 등 농산물이나 천연자원을 수출하며, 선진국은 대개 텔레비전이나 자동차 같은 공산품을 수출한다. 소득 증가 시 농산물 수요는 천천히 늘어나지만(수요의 소득탄력성이 낮다), 공산품 수요는 그보다 더 늘어난다(수요의 소득탄력성이 높다). 그 결과 세계 시장에서 공산품에 비해 농산품의 상대가격이 낮아지며, 후진국의 교역조건이 악화된다. 빈국은 똑같은 질과 양의 공산품을 수입하기 위해 더 많은 농산물, 1차 산품을 수출해야 하는데, 이는 더한층 교역조건의 악화를 초래한다. 주변부 국가들은 점점 더 빨라지는 러닝머신 위에서 달리는 셈이어서 결국은 넘어질 수밖에 없다. 즉, 빈국은 결코 부국을 따라잡을 수 없다. 이 개미지옥으로부터 벗어나기 위해서는 빈국은 비교우위가 있는 한두 가지 1차 산품에 특화하지 말고 공업화를 해야 한다.

여기서 보호무역주의가 소환되었다. 후진국에 공업 투자를 할 경우 좁은 국내 시장 때문에 소규모 투자가 불가피하여 규모의 경제를 누릴 수 없으며, 낮은 기술 숙련도 때문에 생산성도 낮다. 이에 그 제품의 생산비는 국제경쟁 수준을 훨씬 초과하게 된다. 그럼에도 이 신생 공장이 살아남으려면 선진국 공업제품의 수입을 금지하거나 그에 대해 높은 관세를 매겨야 한다. 후진국의 공업은 각종의 무역 장벽으로 보호받아야 하였다.

이렇게 새로 건설되는 후진국의 공업은 당연히 국내 시장을 위한 공업이었다. 후진국은 그전까지 1차 산품에 특화된 산업구조와 무역구조를 갖고 있었다. 축적된 경험이나 관련 산업기반도 없이 건설되는 신생 공업이 세계 시장에서 선진국의 공업과 경쟁할 수는 없었다. 후진국의 신생 공업이 공산품을 수출한다는 구상은 전혀 없었다. 그것은 보호 장벽 아래서 국내 시장을 겨냥한 제품을 생산할 것이었다. 후진국의 공업화는 곧 수입대체공업화였다.

1950년대 한국의 수입대체공업화

1948년 건국 후 2년 만에 일어난 6.25전쟁의 참화를 겪은 한국경제는 세계 최빈국의 상태로 떨어졌다. 한국은 자력으로는 파괴된 시설을 복구하고 나아가 새 산업시설을 건설할 수 없었고, 미국 원조를 받아 그를 수행하였다.

이승만 정부는 우선, 미국 원조를 포함한 외화 수입을 극대화하는 데 주력하여 미국 정부에 원조를 늘릴 것을 계속 요청하였다. 또 이승만 정부는 유엔군 원화 대여금의 달러 상환금을 극대화하도록 공정환율을 낮게(원화 가치를 높게) 책정하면서도 수출에 대해서는 높은 환율을 적용하는 등 복수환율제를 시행하였다. 그리고 이승만 정부는 경제 자립을 앞당기기 위하여 소비재공업보다 생산재공업, 곧 기간산업을 육성하려 하였다. 미국은 일본의 재건을 돕기 위하여 비료 등의 대한 원조 물자를 일본에서 조달하였는데, 이승만 대통령은 그 물자를 한국 내에서 생산하도록 미국이 지원할 것을 요구하였다. 이승만은 한국이 일본의 경제적 부속국이 되는 것을 거부하고 자립 경제를 건설하기 위한 공업의 발달을 주창하였다.

이승만 정부는 비료, 시멘트 등의 생산재공장은 정부가 건설한 후 직접 운영하거나 민간에 불하하는 쪽을 택하였다. 이승만 정부는 소비재공업의 경우에는 민간 기업이 담당하도록 하되, 유리한 환율과 세제를 적용하는 유인책을 썼다.

실수요자제: 면방직, 모방직, 제분, 제당 업계의 업체들에게만 각기 원면, 원모, 밀, 원당의 수입 자격을 주어 실수요자라 하고, 그들에게만 낮은 공정환율로 원조물자를 불하한 것을 말함.

정부는 실수요자제• 아래 있는 면방직업체나 모방업체, 제분업체, 제당업체 등에 대해서는 낮은 공정환율을 적용해 물자를 불하하였으며, 그 밖의 경우에도 입찰참가자를 제한하여 낮은 공매환율로 물자를 불하하였다. 이렇게 값싸게 원조물자를 불하받은 면방직업체 등은 생산비를 낮출 수 있었다. 그 생산 제품의 수입이 억제되었기 때문에 제품가격은 높게 형성되었다. 그 밖에 저금리의 금융 지원, 세제상 우대까지 더해져 제조 기업은 큰 이익을 보았다.

정부의 지원 아래서 1953~1960년 기간 중 광공업이 120%의 성장률을 보인 반면, 농림어업과 서비스업은 각기 20%, 30% 성장에 그쳤다. 산업구조에서 농림어업의 비중이 38%에서 33%로 저하하고 광공업의 비중이 12%에서 19%로 커졌으며, 서비스업의 비중이 약간 감소하였다.

소비재공업으로서 면방직, 제당, 제분 등 3백공업과 고무공업 등이 발달하였다. 1953~1960년간에 전체 공업 부가가치가 2.44배가 되었는데 소비재공업 부가가치는 2.31배가 되었다. 생산재공업 부가가치가 3.28배로 더 빠르게 커져서 제조업 중 소비재공업의 비중은 다소 줄었으나 1950년대 말에도 80%를 넘었다.

면방직은 1950년대의 대표 공업이었다. 면방직공업은 이미 일제하 1930년대에 국내 자급을 이룩하였다. 대부분의 공장이 남한에 있었던 덕분에 해방 후 원료 면화만 원활히 공급되면 정상 가동이 가능하였다. 6.25전쟁으로 면방직공업 설비의 약 70%가 파괴되었으나 원조로 면방직 공업 설비가 도입되어 방적부문은 1954년에, 방직 부문은 1956년에 전쟁 이전 수준을 회복하였다.

제당공업의 효시는 1953년 11월 이병철의 제일제당이 부산에 일산 50~70톤 규모의 정당공장을 건립한 것이다. 그 후 정부의 원당 수입자금의 배정에 자극받아 너도나도 제당공장을 설립하기에 이르렀다. 1950년대 말에는 국내 수요의 5배를 넘는 일산 820톤의 시설 능력을 갖추게 되었다. 이렇게 시설과잉에 빠진 것은 실수요자제 아래서 시설 규모에 따라 원당을 배정한 때문이었다. 제분공업에서도 무분별한 투자로 출혈경쟁이 벌어졌다. 제분의 시설은 1962년 국내 수요의 3배에 달하였다.

1950년대 공업화라고 하면 흔히 소비재공업을 연상하지만, 생산재공업으로서 비료공장 건설도 추진되었다. 이는 단연 최대의 수입대체공업화 프로젝트였다.

화학비료는 1950년대 후반에 연간 70만 톤 이상, 약 5,000만 달러 규모로 도입되었는데 그 대부분은 원조로 제공되었다. 비료가 전체 원조 중 15% 정도를 차지하였다. 약 2,000만 달러의 투자로 8만 톤 정도의 비료공장 1개를 건설할 수 있었기에, 이승만 정부는 일찍이 6.25전쟁 중에도 비료공장 건설을 계획하였다. 이것은 바로 수입대체공업 투자 프로젝트였다. 미 원조당국(FOA) 내에서는 한국 비료공장의 타당성을 둘러싸고 논란이 있었다. 한미 간 계속된 교섭 끝에 1954년 2월 미국이 전력시설, 시멘트, 판유리, 비료

공장의 건설 자금을 대기로 합의가 이루어졌다.

비료공장의 입지는 충북 충주, 종류는 요소비료• 로 정해졌다. 이는 남한강개발계획에 따른 수력발전소 건설, 태백산지구 자원개발계획, 충북선 연장(중앙선-경부선 연결), 용수 사용과 제품 수송 편의성 등을 고려한 것이었다. 국내 자원을 사용하려는 이승만 정부의 공업개발 구상이 여기에 담겼다.

요소비료: 화학식이 $CO_2(NH_2)$인 유기화합물 요소(urea, 尿素)를 주성분으로 하는 화학비료.

1955년 5월 한국 상공부가 미국 맥그로하이드로카본사(MCH)와 연산 8만 톤의 요소비료공장 건설에 관한 계약을 맺었다. 외자 1,955만 달러와 내자 15억 환으로 1955년 9월 말부터 1958년 3월까지 30개월 내에 완공하기로 하였다.

그런데 공장 건설공사가 시작된 후 한국 정부의 새로운 요구나 맥그로사 측 사정에 따라 5차에 걸쳐 계약이 수정되었다. 완공은 1958년 3월에서 1961년 4월로 3년이나 늦어졌고, 건설비도 외자가 70%나 늘어난 3,334만 달러, 내자 28억 환이 들었다. 더욱이 가동 후에도 잦은 고장으로 조업 중단이 반복되었다. 1962년 5월부터 2년간 미국 회사로부터 운영과 조업에 관한 자문을 받고 한국인 기술자들이 운전기술을 배움으로써 겨우 정상화되었다. 결국 건설 과정에서 경험과 기술의 부족, 건설회사 내부의 문제, 운전 기술의 부족 등으로 인해 오랜 시간과 큰 비용이 들었다.

이승만 정부는 나주에도 비료공장을 건설하기로 하여 1955년 2월 호남비료(주)를 세워 연산 8만 5,000톤 규모의 공장 건설을 추진하였다. 충주비료의 시행착오를 반면교사로 삼아 1958년 1월 건설비를 정부보유불 2,700만 달러로 못박고 서독 회사 컨소시엄에 건설을 맡겼다. 하지만 역시 공장 준공 후에 잦은 고장으로 어려움을 겪다가 설비를 교체하기에 이르렀다.

결국 비료공장의 건설과 운영에 관한 노하우가 없던 한국은 비료공장 건설에서 시간과 비용의 낭비를 피할 수 없었다. 다만 건설 과정에서 비료공업에 대한 지식과 경험을 축적한 기술자, 기능공이 양성되었다. 이들은 1960년대 이후 제3, 4, 5 비료공장 및 울산 석유화학 콤비나트(kombinat),• 여천 석유화학단지 건설 등에서 큰 역할을 하게 되었다.

이렇게 1950년대에 한국에서 발달한 공업은 국내 수요를 충족시키는, 그래서 종전의 수입수요를 대체하는 공업이었다. 면방직공업의 경우 국내 시장이 포화 상태에 이르자 수출을 시도하였으나, 미국이 수출 면제품의 원료 면화는 원조로 공급하지 않았기 때

콤비나트: 기초 원료로부터 제품에 이르기까지 생산 단계가 다른 각종 생산 부문이 기술적으로 결합되어 집약적인 계열을 형성한 기업의 지역적 결합체를 말한다. 석유화학공업은 원유를 증류한 나프타로부터 에틸렌 등의 기초 유분을 거쳐 폴리에틸렌, VCM 등의 원료를 생산하고 PVC, 폴리에스터 등의 최종 제품을 생산하기까지 각 공정의 업체들이 한 지역에 집중되므로, 이 콤비나트의 대표적 예이다.

문에 그 수출은 활성화되지 않았다. 수출의 대부분은 광물과 수산물 등 1차 산품이었다. 중석, 철광석 등 광물이 과반을 차지하고, 그다음이 김, 한천, 오징어 등 수산물이었다. 1950년대에 수출은 1953년의 3,900만 달러가 피크였고 그 밖에는 대체로 3,000만 달러를 하회하였으며, 특히 1950년대 말에는 2,000만 달러에도 못 미쳤다. 해마다 수출액 변동이 큰 것은 각각의 채굴 및 어획 상황이 크게 달라졌기 때문이다.

1950년대 말에 작성된 최초의 경제개발계획에서도 공산품 수출은 중시되지 않았다. 1957년 중반부터 미국 원조당국자들이 한국 정부에게 원조 의존에서 벗어날 수 있도록 장기경제개발계획안을 작성하라고 요청하였다. 마침 한국 정부 내에는 장기개발계획을 담당할 일단의 개혁 관료들이 있었다. 이들은 미 원조당국자들과 협의하여, 1958년 4월 1일 계획수립기구로서 산업개발위원회를 부흥부• 산하에 조직하였다. 각계의 전문가들로 구성된 이 위원회는 1959년 3월 3개년계획의 시안을 입안하였고, 정부의 검토를 거친 후 1959년 12월 최종안을 완성하여 이듬해 1월 그것을 국무회의에 제출하였다. 내각은 1960년 4월 15일(정부통령 선거 1달 후) 경제개발3개년계획(1960~1962)을 발표하

부흥부: 1948년 정부 수립 이래의 기획처가 1955년 확대 개편된 정부 부처로서, 산업경제 부흥계획의 수립 외에 원조 등 외자 관련 업무도 관장하였다.

였다.

이것은 종전까지 작성 발표된 사업단위 투자계획과 달리 투입 산출을 고려한 최초의 체계적 계획으로서, 경제개발7개년계획(1960~1966)의 전반부에 해당하였다. 계획 기간 3개년간 연평균 5.6% 성장하되, 산업생산의 3개년 총증가율은 제1차산업 16%, 제2차산업 52.9%, 제3차산업 16.1%로 되어 있었다. 계획은 공업화에 중점을 두며 특히 비료, 시멘트, 펄프, 기계산업 등 주요 생산재공업 건설에 투자의 우선순위를 두었다. 국제수지 개선을 위하여 수출을 기준년(1960년) 1,700여만 달러에서 목표년(1962년) 6,359만 달러로 3.7배나 늘리는데, 목표년에 쌀, 소, 철광석, 중석, 흑연, 오징어 등 농수산물과 광산물이 88.4%의 비중을 차지하는 것으로 되어 있었다.

이 계획은 투자율을 높여서 경제성장률을 높이려 하였다는 점에서, 앞서 본 전형적인 후진국 경제개발론에 해당하였다. 이 계획은 원조 감소 이후의 자립 방안으로 작성된 것이면서도 경제개발 구상은 원조 공여 때와 똑같았다. 또 목표연도에 수출 중 공산품의 비중은 11.6%밖에 잡지 않았으니, 공산품을 수출한다는 구상은 사실상 없었다. 이렇게 이 계획은 전형적인 수입대체공업화 전략을 담았다.

이 계획은 4.19 이후 이승만의 퇴임으로 폐기되었으나, 그 후 장면 정부와 박정희 정부로 계승되어 다시 태어났다. 이 계획은 민주당 정부에서 일부 내용이 수정되어 경제개발5개년계획(1962~1966)으로 재작성되었고, 5.16 군사 쿠데타 후 박정희 정부에 의해 다시 제1차 경제개발5개년계획(1962~1966)으로 수정 개편되었다.

2

한국 수출지향공업화의 진행

수출지향공업화 전략의 수립

한국에서 수출지향공업화(export-oriented industrialization: EOI)• 전략이 수립되는 출발점이 된 것은 새로운 집권세력의 등장, 곧 군사 쿠데타를 통해 군부가 집권한 것이다. 1960년 4.19 시위로 이승만 정권이 무너진 후 의원내각제 개헌이 이루어졌고 7.29 총선에서 야당 민주당이 국회의 압도적 다수 의석을 차지하였다. 대통령과 국무총리 자리를 놓고 구파와 신파의 당내 파벌투쟁이 격화하였다. 구파의 윤보선이 대통령 자리를 차지하였으나, 실권을 가진 총리 자리는 신파의 장면이 차지하였다. 장면은 1차 내각을 신파 일색으로 구성하였고, 구파는 분당하여 신민당을 만들었다. 집권 민주당도 세 파벌의 연합체에 불과하여 파벌 싸움을 벗어나지 못하였다. 짧은 집권기 9개월간 장면 정부는 세 차례나 개각을 하는 등 불안한 면모를 보였다.

수출지향공업화: 수출지향공업화는 공업 제품의 수출을 중심으로 공업화를 추진하는 것을 말한다. 대개 수출주도 공업화(export-led industrialization: ELI)와 동의어로 쓰이나, 본고에서는 후자가 수출이 이끄는 공업화로서 더 좁은 의미라 보고, 수출지향성을 갖는 공업을 발전시킨다는 의미로 전자의 용어를 쓴다.

장면 정부는 경제제1주의를 내걸었으나 그를 실행하지는 못하였다. 집권당은 재무부의 예산권과 부흥부의 기획 및 외자관리권, 내무부의 조사통계권을 이양받은 선임 부처로서 경제개발부를 신설한다는 정부

조직 개편안을 1960년 11월 발표하였으나, 내분 때문에 그를 실천하지 못하였다. 장면 정부는 이승만 정부의 경제개발 3개년계획을 토대로 경제개발 5개년계획(1961~1965)을 작성하였으나, 발표 직전 5.16 군사정변을 맞았다. 또 장면 정부는 실업자 구제와 사회기반시설 형성을 목표로 한 단기 경제정책으로서 국토개발계획을 1961년 3월 시행하였으나, 사업 자체가 임기응변적이고 전시성 위주였고 역시 5.16 군사정변으로 중단되었다.

민주당 정부가 혼선을 겪는 사이 군 내부의 갈등도 증폭되었다. 4.19 후 군 내부에서는 부패한 장성과 장교를 추방하자는 영관급 청년 장교들의 움직임이 일어났다. 여기서는 육사 5기의 김재춘과 8기의 김종필 등이 앞장섰는데, 사회를 혁신하고자 하는 열망 외에도 느린 진급에 대한 불만도 있었다. 장면 정부의 10만 명 감군계획 발표도 이들을 자극하였다. 이 청년 장교들은 강한 정치 지향성을 가진 박정희 소장과 만나면서 쿠데타를 꿈꾸기 시작하였다. 박정희는 일찍이 남로당 활동을 하였을 뿐 아니라 부산정치파동● 때 반(反)이승만 쿠데타 모의에도 가담한 인물이었다.

부산정치파동: 1952년 5월 계엄령 선포로부터 7월 제1차 헌법개정까지 임시 수도 부산에서 대통령 이승만이 재선을 위하여 국회를 압박하여 종래의 대통령 간선제(국회에서 선출)를 대통령직선제로 바꾼 사건.

장면 정부는 군 내부의 동향에 무감각한 채 군을

방치하였다. 결국 박정희 소장을 중심으로 한 일단의 장교 그룹은 1961년 5월 16일 3,600여 명의 병력으로 장면 정부를 무너뜨렸다. 박정희 그룹이 쿠데타를 한다는 정보는 군과 정부 내에 널리 퍼졌으나, 군 수뇌부와 정부는 아무런 조치를 취하지 않았다. 군 수뇌부는 가담과 진압을 오가는 이중적 태도를 보였고, 정부는 무책이었다. 쿠데타가 일어난 후 장면 정부의 주요 관계자 누구도 그 진압에 나서지 않았기 때문에 쿠데타는 성공하였다.

5.16 군사정변은 가장 조직화되고 가장 선진적이며 매우 정치화된 집단인 군부가 정권을 탈취한 사건으로서 윤보선 대통령의 첫 반응대로 "올 것이 온 것"이었다. 5.16 군부는 여러 혼선을 겪으면서도 기성 정치인들을 무력화시키고 사회를 장악함으로써 선거를 통해 민간 정부로 변신하였다. 당시의 한국 사회에서 가장 실력 있는 집단이 국정을 운영할 수 있게 되었다.

5.16 군부는 "절망과 기아선상에서 허덕이는 민생고를 시급히 해결하고 국가 자주경제 재건에 총력을 경주한다"는 것을 네 번째 혁명공약으로 내세웠다. 군사정부는 자립경제를 목표로 한 경제운영 방침으로서

지도받는 자본주의, 계도자본주의(guided capitalism)•를 표방하였다. 이는 시장경제에 대한 국가의 개입을 뜻하였다.

계도자본주의: 국가가 무질서한 자유시장에 개입하여 그를 건전한 방향으로 이끌겠다는 입장을 말한다.

군사정부는 1961년 7월 경제기획원을 만들어 경제개발의 사령탑 역할을 맡겼다. 이는 민주당 정부에서도 결정된 사항이었으나, 군사정부가 곧바로 실행에 옮긴 것이었다. 기획원은 종래 부흥부의 기획 기능에 재무부의 예산편성권과 외자 도입 허가권을 부여받았다. 1963년 12월 민정 이양 때부터 기획원 장관은 부총리를 겸임해서 경제팀의 수장 역할을 하게 되었다. 또 군사정부는 1961년 10월 부정축재 환수조치라는 명목으로 시중은행을 국유화하였다. 이는 시장경제의 근본인 사유재산권을 침해한 과격한 조치였으며, 정부의 공금융 시장 장악은 정부가 경제에 개입할 강력한 지렛대가 되었다.

1961년 7월 군사정부는 부정축재 혐의를 받는 기업인들에게 5개년계획 추진에 협조할 것을 요청하였고, 기업인들은 '경제재건촉진회'•를 구성하여 정부에 적극 협조하였다.

경제재건촉진회: 1961년 8월 이병철 등 과거 부정축재 혐의 기업인 13명으로 창립된 경제재건촉진회는 곧 한국경제인협회로 개칭하였고 1968년 전국경제인연합회(약칭 전경련)로 확대 개편되어 오늘에 이른다.

군부는 경제개발계획의 수립을 서둘렀다. 건설부안(1961년 6월), 최고회의안(10월)을 거쳐 경제기획원이 작성한 제1차 5개년계획안이 1962년 1월 발표되었다.

계획은 5개년 연평균 성장률을 7.1%로 잡았다. 이는 당시의 성장률 추세치보다 훨씬 더 높았다. 이 수치는 일본의 소득배증계획•을 본떠서 10년 후 GNP가 2배로 되는 것이었다. 이를 위해 군사정부는 막대한 투자를 책정하였다. 계획상 GNP 대비 총투자 비율 22.8%도 1960년 투자율 11.2%의 2배나 되었다. 그 투자 자금은 주로(72%) 국내에서 조달하기로 하였다. 목표년(1966년) 수출은 기준년(1962년) 수출의 4.2배로 커진 1억 3,750만 달러로 책정되었으나, 광산물, 수산물 등 1차 산품이 총수출의 66%를 차지하고 공업 제품과 보세가공의 합계로 25%이어서 수출이 공업화의 견인차 역할을 부여받지는 못하였고, 국제수지 개선의 수단 정도로 간주되었다.

소득배증계획: 일본의 이케다 하야토(池田勇人) 내각이 1960년 12월 결의한, 연 7.2%의 경제성장을 달성하여 10년 동안 국민총생산을 배로 늘린다는 계획. 그 무렵 개시된 연 두 자릿수의 고도 경제성장과 맞물려 일본이 경제대국이 되는 데 효과를 발휘하였다.

한마디로 제1차 5개년계획은 내외자를 최대한 동원해서 다수의 공업 프로젝트를 동시다발적으로 추진한다는 것이었다. 이 구상의 뿌리에는 1950~1960년대의 후진국 개발론을 풍미한 자본결정론, 자본근본주의가 있었다. 이 구상에서는 먼저 외자를 들여와 투자하고 나중에 그 외채를 갚는다고 하였다. 그렇게 하려면 세계 시장에 수출할 석유나 광물, 농산물 등 1

차 산품이 있어야 하였다. 그러나 한국에는 이런 1차 산품이 없었다. 과거 식민지기에도 기껏해야 쌀을 일본으로 수출하였을 뿐이었다. 이 경제개발 구상은 아무런 외화가득원이 없는 한국에 맞지 않는 것이었다.

박정희 군사정부는 1962년 초부터 의욕적으로 출발하였다. 1962년 1월 서독, 이탈리아와의 경제협력에 관한 의정서와 양해각서 체결, 2월에 정유와 석유화학, 비료, 철강 공장이 들어설 울산공업센터 기공, 4월에 부정축재 기업인들의 한국종합제철(주) 설립, 5월에 미국의 민간 경제사절단과의 종합제철 공장과 합성수지 공장 건설 합의 등이 숨가쁘게 이어졌다.

군사정부는 내자동원책으로 6월에 화폐개혁을 단행하였으나, 신권 교환을 위해 나온 거액 퇴장자금은 없었고, 예금인출 금지로 기업 활동에 심각한 장애만 주었다. 미 원조당국은 군사정부가 사전 협의도 없이 통화개혁을 한 데 대해 강력히 항의하였다. 군사정부는 결국 5주 만에 예금동결을 해제하였다.

군사정부는 외자 도입 촉진책도 강구하였다. 선진국 정부가 제공하는 공공차관은 대개 낮은 금리에 거치 기간 4~5년을 포함해 10~20년의 상환 기간으로 조건이 좋았다. 군사정부는 연 금리가 더 높고 상환 기간도 5년 안팎으로 짧은 상업차관이라도 도입하기 위해 1962년 7월에 외자 원리금의 장기 분할상환제 및 민간 차관에 대한 정부지불보증제를 시행하였다. 이 중 후자는 민간 기업의 대외 채무에 대해 정부가 대지급을 보증한 유례없는 제도였다. 그렇지만 한국의 대외 신인도가 워낙 낮아 외자 도입은 여의치 않았다.

그럼에도 5개년계획의 첫해에 투자가 확대되었다. 1962년 GNP 대비 총고정자본 형성 비율은 13.9%로서 역대 최고치를 기록하였다. 그 전까지는 연 11% 정도였다. GNP 대비 민간 소비지출 비율도 84.3%로 최고치를 보였다. 소비와 투자가 동시에 역대 최고치를 기록한 것이다. 한마디로 과대팽창이었다.

1958년 이후 대체로 연간 3억 5,000만 달러어치의 물자가 한국에 도입되었으나, 1962년에는 이례적으로 도입량이 많아서 4억 달러를 넘었다. 수입초과액이 급증하였다. 그래서 민간 소비와 총고정자본 형성이 크게 증가하였다. 세 차례 추경 편성으로 재정 적자 또한 증가하였다.

그 결과 통화량이 크게 늘고(17.6% 증가), 물가가 상승하였다(도매물가지수 13.5% 상승). 또 외환 고갈 위기에 처하였다. 외환보유고는 1962년 중 3,800만 달러로 소폭 감소하였으나, 실은 그해 수입 신용장(L/C) 개설분 중 이듬해 상반기로 결제가 이월된 것이 5,600만 달러나 되었다. 외화순자산은 전년도 1억 700만 달러에서 1963년 말 2,500만 달러로 격감하였다.

이에 박정희 정부는 1962년 가을부터 경제 안정화 조치를 취하기 시작하였다. 우선, 예산을 줄여서 1963년 새해 예산을 1962년 세출 예산보다 6억 원 적은 775억 원으로 편성하였다. 또 투자 프로젝트를 감축하는 1차 5개년계획의 보완작업에도 착수하였다. 그리고 1963년 1월부터 수입 규제 및 수출 장려를 위한 수출입링크제●를 시행하였다.

수출입링크제: 수출한 만큼 수입을 허가하는 제도로서, 수출업자는 수출한 금액만큼의 수입권을 부여받아 그를 양도할 수 있었다. 수입업자는 수입권 시장에서 그를 매입하여 물품을 수입하였다.

미국 정부는 원조를 지렛대로 해서 박정희 정부에 강력한 브레이크를 걸었다. 1962년 11월 미국은 1963년분 대한 원조 규모를 줄이고 한국 측의 안정화 성과에 따라 추가 원조를 주기로 하였다.

이 때문에 1963년 초 박정희 정부에는 비상이 걸렸다. 추가 원조를 얻기 위해서 박정희 정부는 안정화 정책을 강력히 추진할 수밖에 없었다. 거기에는 큰 진통이 따랐으나, 이 과정을 거쳐 박정희 군사정부는 미국과 원활히 협조하는 민간 정부로 변신하였다.

7월에 한국 측 경제기획원 장관과 미 원조기구 유솜/K(United States Operations Mission to Korea)•의 처장을 대표로 경제협력위원회(ECC)가 조직되어 한국의 경제정책에 관한 양국 정부 간 협의가 원활해졌다. 회의에서는 원조와 차관, 그 조건으로 한국 측 재정안정계획 등이 논의되었다.

미 원조기구 유솜/K: 미국의 대외원조를 담당하는 국무부 산하 기관인 대외활동본부(FOA)-국제협조처(ICA)-국제개발처(AID)의 한국 지부 격인 주한 원조당국. 주한 미국 경제협조처라 불리었다.

1963년 10월 15일 민정 이양을 위한 대통령 선거가 원만하게 치러지자 미국의 태도가 호의적으로 바뀌었다. 미국은 이 선거가 합법적으로 진행되었음을 인정하고 만족하였다. 박정희 정부는 1964년 새해 예산을 전년 수준으로 동결하였으며, 1963년 말에는 예산 적자, 외환보유액, 통화량 등에서 재정안정 목표를 달성하였다. 1963년 중앙재정 지출은 전년 대비 명목금액이 감소하였다. 재정긴축은 1964년에도 이어져, 중앙재정 지출액이 전년 대비 9% 정도 증가하였지만 30%가 넘는 물가상승을 고려한 실질액은 크게 감소하였다. 1962년 34%에 달하던 중앙재정 지출/GNP 비율은 1964년 16%로까지 크게 떨어졌다(KDI 1991: 19).

박정희 정부는 1964년 2월 각종 투자 프로젝트를 취소하고 목표 성장률을 낮춘 제1차 5개년계획의 보완계획도 내놓았다. 목표 성장률을 7.1%에서 5.0%

로 낮추고, 총투자율을 22.6%에서 17.0%로 낮추었으며, 중공업 분야 11개 사업을 5개로, 경공업 분야 23개 사업을 12개로 줄였다. 아울러 1963년 12월 미국 측이 한국 정부에 환율 인상을 요구한 이래, 양측의 상당한 협의를 거쳐 1964년 5월 환율이 1:130에서 1:255로 거의 100% 가까이 인상되었다.

이처럼 미국 정부의 압력, 규율을 계기로 박정희 정부는 재정 적자를 줄이고 통화 증발을 억제해 인플레율을 낮추는 긴축정책을 썼으며, 원화 가치가 제자리를 잡게 함으로써 대외 균형의 달성도 도모하였다. 박정희 정부는 경제개발을 추진하기 이전에 건실해졌다. 그러나 박정희 정부가 본래 하고자 하던 공업화와 경제개발은 벽에 부딪쳤다. 새 길을 찾아야 하였다.

1963년 정부가 5개년계획의 축소와 재정안정화에 골몰하는 동안, 기업인들은 수출 증대 방안을 찾았다. 일찍이 기업인들 중 천우사의 전택보•가 수출의 중요성에 눈을 떠 수출제일주의를 강조하였다. 1963년 3월에 한국경제인협회는 민관 협동조직으로 수출산업촉진위원회를 만들었다. 수출산업촉진위원회는 "근간 선진 제국에서 급등하는 노임으로 인하여 사양화하는 여러 산업을 재빨리 이 나라에 이룩"한다는 취

전택보(1901~1980): 일제하에서는 간도에서 대규모 농장을 경영하였으며, 해방 후인 1947년에 천우사를 설립해 무역업을 개시하였고, 1954년 대성목재(주)를 설립해 합판제조를 하였으며, 완구제조, 축산개발, 해운업까지 영위한 개척자적 기업인.

한경협의 수출산업촉진위원회 발회식(1963년 3월 7일)
자료: 국가기록원.

지를 내걸었다(이영훈 2016: 403).

한국경제인협회가 일본에 파견한 수출산업조사단은 저렴하면서도 양질의 노동력을 활용해 보세가공공업을 일으킬 방안, 투자유치 안내기구와 수출산업단지 구상을 갖고 돌아왔다. 경제인협회는 6월 박정희 의장에게 재일교포의 자산과 선진 기술을 도입하도록 서울 근교에 수출산업단지를 조성할 것을 건의하였고, 이는 수년 후 구로수출산업공단으로 구현되었다.

1963년부터 공산품 수출이 급증하였다. 제1차 5개

년계획상 1963년 공산품 수출 계획치는 640만 달러였으나 실적은 2,810만 달러로서 수출의 40% 이상을 차지하였다. 그 내역은 아연도철판, 목재가공품(단판, 합판), 섬유 의류 등이었다. 공산품 수출 증가를 인지한 박정희 정부는 1964년 초 발표된 보완계획에서는 공산품 수출 목표를 크게 높였다. 1964년 공산품 수출액은 대폭 증액(3,800만 달러)된 목표치 5,540만 달러를 살짝 초과한 5,550만 달러였다. 아연도철판 수출이 격감한 대신 섬유 의류 수출이 2,000만 달러 가까이 증가하였고, 합판 수출도 500만 달러가량 증가하였다. 마른오징어, 중석광 등 비공산품 수출도 1,700만 달러나 증가하였다.

1964년 초 외환 부족에 시달리던 박정희 정부는 이 공산품 수출 증가를 놓치지 않았다. 1964년 1월 10일 대통령 연두교서에서 박정희 대통령은 "공산품을 중심으로 한 수출의 증대는 혁명 정부하의 특기할 만한 발전"이라 자부하였다. 전택보로부터 수출제일주의 아이디어를 얻은 상공부는 1964년 6월 수출진흥책을 내놓았다. 그리고 1964년 하반기부터 박정희 정부는 수출제일주의와 수출입국의 기치를 내걸었다. 그 해 수출이 1억 달러를 돌파한 기념으로 수출의 날을

제정하였다. 박정희 대통령은 1965년 1월 16일 새해 연두교서에서 "나는 이 해에 있어서의 3대 목표를 증산, 수출, 건설로 설정했습니다"라고 밝혔다. 이후 박정희 정부는 수출 증대에 총력을 기울이고, 제반 지원체제를 갖추었다. 수출지향공업화가 개시되었다.

박정희 정부는 수출 촉진을 위하여 특히 1965~1967년간 환율, 금융, 조세, 무역의 자유시장화 조치를 시행하였다. 1965년 5월 환율의 근 100% 인상은 미국의 가격 현실화 요구를 수용하였을 뿐, 수출 증진을 목표로 한 것은 아니었으나, 실질실효환율•이 수출에 불리하게 악화(저하)되지 않게 한 것으로 평가받고 있다(주익종 2017b; 김광석·웨스트팔 1976).

실질실효환율: 수출실효환율은 수출 달러 프리미엄에 저리 수출금융 등 보조금을 더해서 수출업자가 1달러어치를 수출해서 실제로 받는 금액을 뜻한다. 수입실효환율은 관세를 포함해서 수입업자가 1달러어치 수입할 때 실제로 지불해야 하는 금액을 말한다. 수출의 실질실효환율은 수출실효환율을 물가지수로 나눈 것으로, 수출업자가 1달러어치 수출 시 실제 받는 금액의 실질가치를 나타낸다.

수출촉진책 중 대표적인 것은 저리 수출금융이었다. 이는 은행 일반 대출금리보다 싸게 수출업자에게 대출해 주는 것이었다. 1965년 은행 대출금리가 연 21%대였지만, 수출금융 금리는 연 6%대였다. 수출액만큼의 융자액에 대하여 이 15%의 금리 차이만큼 지원을 받게 하는 것으로 수출업자에게는 큰 이익이었다. 또, 수출용 원자재에 대해서는 관세가 면제되었다.

정부는 무역자유화 조치도 취하였다. 비록 평균 관세율은 1960년 35.4%에서 1971년 56.7%로 높아졌으나, 원화가 계속 과대평가되었기 때문에 관세가 수입을 통제하는 효과적인 수단이 되지 못하였다. 정부는 수입을 양적으로 통제하기 위해 반년 단위 무역계획을 운영하였다. 1967년 GATT 가입을 계기로 해서 무역계획에 포함된 품목만 수입할 수 있던 포지티브 리스트 제도(positive-list system)를 금지 또는 제한 품목이 아닌 한 수입할 수 있는 네거티브 리스트 제도(negative-list system)로 바꾸었다.

1965년에는 국내 자금 동원을 위하여 금리를 대폭 인상하였다(일명 금리현실화). 미국의 걸리(J. G. Gurley), 쇼(E. S. Show), 패트릭(H. Patrick) 교수는 그해 7월 한국 정부에 안정과 성장을 위한 금융개혁을 권고하였는데, 그 기본 방향은 환율, 금리 등에 일체의 가격규제를 철폐하고 정책의 신뢰성과 일관성을 경제 주체들에게 심어 주며 복잡다기한 정책을 단순 명료하게 변경하는 것이었다. 구체적으로는, 예대금리 상한선을 폐지하고 한국은행이 공개시장조작과 유사한 방식으로 통화량을 관리하며, 장기 자본시장을 만들 것 등이었다.

정부는 이들의 권고를 상당 부분 수용해서 1년 만기 정기예금 금리를 15%에서 30%로 대폭 인상하는

|표 2| 은행의 예금, 대출 및 차관 지급보증액

(단위: 억 원)

연도	일반은행			특수은행(산은 포함)			계		
	예금	대출	지급보증	예금	대출	지급보증	예금	대출	지급보증
1960	141	115	4	37	287	2	178	402	6
1961	193	128	14	71	395	2	264	523	16
1962	290	209	28	128	486	22	418	675	50
1963	263	228	37	143	538	181	406	766	218
1964	282	231	99	161	616	383	445	847	492
1965	553	375	118	249	714	635	802	1,089	753
1966	825	579	402	408	914	1,045	1,233	1,493	1,477
1967	1,370	1,056	503	714	1,248	2,413	2,084	2,304	2,916
1968	2,495	2,100	1,261	1,289	1,876	3,986	3,784	3,976	5,237
1969	4,101	3,593	2,251	2,131	2,998	6,399	6,232	6,591	8,650
1970	5,054	4,418	3,193	2,951	4,097	8,792	8,005	8,516	11,985

자료: 김경수(2015: 184).

등 금리를 현실화하였다. 이를 통해 사금융 자금이 제도금융으로 흡수되었다. 표 2처럼 은행 예금과 대출은 1960년대 후반에 급증하였다.

또 정부는 정부의 승인을 얻은 기업의 해외 차관을 국회 동의하에 산업은행이 지급보증하게 하였으며, 곧 이 지급보증제도를 예금은행 전체로 확대하였다. 이에 은행의 차관 지급보증액이 크게 늘어 대출액을 상회하기에 이르렀다.

정부는 1966년에 종래의 외자 도입 관련 3법을 통합한 외자 도입법을 제정하였다. 외국인 지분이 조금만 있어도 외국인 투자기업으로 인정해서 각종 조세 감면 및 수입관세 면제 혜택을 주었고, 현금차관도 인정하였으며 이익금의 송금도 완전 자유화하였다.

정부는 매월 대통령 주재하의 수출진흥확대회의를 열어 수출 진흥 방안을 논의하였다. 박정희 대통령은 1965년 초 첫 회의 이후 1979년 사망 때까지 대부분의 회의에 참석해서 수출을 독려하였다. 매년 수출의 날에는 탁월한 수출실적을 올린 기업인에게 대통령이 산업훈장을 수여하며 격려하였다. 또한 대한무역진흥공사(1962년 설립)는 해외 지점망을 통해 수출지역의 시장정보를 수집하여 기업에 제공하였다.

새 개발전략을 밀고 나간 것은 1964년 5월 성립한 장기영 부총리 휘하의 경제팀이었다. 1961년 7월 경제기획원 발족 이래 1964년 5월까지 불과 2년 10개월의 기간 동안 7명의 기획원 장관이 임명되어 그 평균 재임 기간은 5개월도 안 되었다(표 3). 장기영은 '왕초'와 '불도저'라는 별명이 붙을 만큼 강한 보스 기질과 탁월한 추진력을 가진 인물이었다. 박정희는 그에게 여타 경제장관에 대한 비토(veto)권을 줄 정도로 신임하였고, 장기영은 3년 5개월간 재임하면서 경제개발을 본궤도 위에 올려놓았다.

제1회 수출진흥확대회의(1965년 2월 5일 청와대)
자료: 국가기록원.

수출지향공업화 전략은 한국경제의 낡은 패러다임과의 완전한 결별을 뜻하였다. 1961년부터 미 국제개발처(AID)의 극동 담당 차장보로 일한 러더포드 포츠(Rutherford Poats)의 증언이 그러하였다. "과거 이승만 정부 시절에는 미국이 지원원조(SA)로 한국에 필요한 물자를 제공하였고, 따라서 한국 측에는 필수적 수입품의 대금을 지불하기 위해 수출을 통해 외화를 획득할 유인이 없었다. 그때 한국경제는 희망 없는 무능력자(a basket case without hope)였다." 미국이 1950년대

|표 3| 1960년대 경제기획원장·장관 재임 기간

대수	이름	생년	재임 기간
초대	김유택	1911	1961. 07. 22~1962. 03. 02. 7개월
2대	송요찬	1918	1962. 03. 02~1962. 06. 18. 3개월
3대	김현철	1901	1962. 06. 18~1962. 07. 10. 1개월
4대	김유택	1911	1962. 07. 10~1963. 02. 08. 7개월
5대	유창순	1918	1963. 02. 08~1963. 04. 12. 2개월
6대	원용석	1906	1963. 04. 13~1963. 12. 16. 8개월
7대	김유택	1911	1963. 12. 17~1964. 05. 11. 5개월
8대	장기영	1916	1964. 05. 11~1967. 10. 03. 3년 5개월
9대	박충훈	1919	1967. 10. 03~1969. 06. 03. 1년 8개월
10대	김학렬	1923	1969. 06. 03~1972. 01. 04. 2년 7개월

에 넉넉한 원조를 제공한 것이 "결과적으로 한국인의 크나큰 잠재력, 인력자원의 잠재력을 억누른 셈이었다"(주익종 2017a: 59~60). 하지만 1960년대 전반에 미국이 원조를 줄이고 그 효율적인 사용을 요구하자, 박정희 정부는 자립적인 새 외화 수입원을 절박하게 찾았다. 박정희 정부가 그렇게 해서 발견한 것이 수출이었다.

이 수출지향공업화 전략은 당시의 후진국 경제개발론에 없었다. 그것은 제1차 5개년계획 원안에는 물론이고 1964년 초의 보완계획에도 없었다. 보완계획에서도 외환 부족을 해결하기 위해 "수출 증대와 수입 대체 효과가 큰 사업을 육성"할 필요에서, 수출 증대를 더 중시하였을 뿐이다. 또 이 전략은 미국이 가르쳐 준 것도 아니었다. 미국은 한국의 무모한 투자계획을 비판하였지만, 공산품 수출에 주력하라고 권고한 바는 없었다. 1963년 말 주한 미 대사관의 본국 보고서에는 "한국의 수출 증진 노력이 상당한 성과를 거두어 1961~1963년에 매년 수출이 급증하였지만, 여러 장애요소 등 때문에 수출 유인이 취약해서 수출 증가세는 앞으로 확실히 약해질 것"이라 하였다(이완범 2006: 177~179; 주익종 2017b: 177). 이 전략은 필사적으로 경제개발의 돌파구를 탐색한 박정희 정부가 마침내 발견한 경제개발의 새 길이었다. 훗날 한국과 대만 등이 성공하자 개발경제학자들이 그를 수출지향공업화 전략이라 이름 붙였다.

이것은 당시의 세계경제의 추이와 한국경제의 위치에 비추어 딱 들어맞는 개발전략이었다. 앞서 본 것처럼 20세기 후반에 후진국이 세계무역에서 소외되는 중에도 후진국의 선진국에 대한 공산품 수출이 증가하였다. 1960년 선진국은 후진국으로부터 26억 달러의 공산품을 수입하였는데, 이는 1969년까지 82억 달러로 급증하였다. 후진국에게 남겨진 활로는 이렇게 선진국에 공산품을 수출하는 것이었다. 그 품목은 바로 노동집약적 공산품 시장이었다.

소득과 임금이 크게 상승한 선진국에서는 노동집약적 경공업을 유지하기가 어려워졌다. 선진국에서 노동집약적 경공업은 사양산업화하였다. 자연스럽게 의류, 완구, 가발, 신발, 전자 등 단순 가공 경공업들은 노임이 싼 개발도상국으로 옮겨 가게 되었다. 양질의 노동력을 가진 개발도상국에게는 이 경공업을 유치해 선진국에 공산품을 수출할 기회가 생겼다. 다수의 교육받은 인력을 가진 대한민국이 바로 그런 나라였다. 1960년대 초 한국에는 초등 교육 이상을 마치고도 일자리를 얻지 못한 사람들로 넘쳤다. 노동집약적 경공업에서 이들을 활용한다면 수출을 크게 늘릴 가능성이 있었다. 이렇게 한국에 맞는 새로운 길이 열렸다(이영훈 2012: 114).

그런데 후진국이 공산품을 수출해서 경제개발을 한다는 것은 당시 개발경제학에는 생소한 구상이었다. 공업이 취약한 후진국이 어떻게 공산품을 수출한다는 것인가. 이는 1960년대 전반의 개발경제학에서는 상상할 수 없는 일이었다. 1960년대 중엽 아무도 한국의 수출주도 전략을 칭찬하지 않았다.

많은 사람들이 한국은 분명히 실패할 거라고 생각했습니다. 당시에는 대부분의 사람들이 제3세계 국가는 수입 대체 전략을 시행해야 한다고 생각했지요. 누가 알았겠습니까만, 그때는 아무도 한국의 수출주도 전략을 칭찬하지 않았습니다(드와잇 퍼킨스, 「세계석학이 본 한국경제 100년」 제1회, KBS 다큐, 2015년 8월 18일 방영).

아무도 한국의 시도가 큰 성공을 거두리라고 전망하지 않았다. 박정희 정부도 하나의 돌파구로서 총력을 다해 그것을 추진하였을 뿐, 그것이 어떤 결과를 가져올지는 알 수 없었다.

국제협력체제의 구축

1964년 2월 발표된 제1차 5개년계획의 보완계획 작성 과정에서 한미 간에는 긴밀한 협력체제가 만들어졌다. 1960년대 중엽 미국은 한국에 한일 국교 정상화와 베트남 파병을 원하였다. 1965년 5월 박정희는 그 준비를 마치고 미국을 국빈 방문해서 열렬한 환영을 받았다. 박 대통령 일행은 뉴욕에서 10만 명이 넘는 출영 인파 속으로 카퍼레이드를 벌이고 미국 건국 이래 정치가에게는 다섯 번째로 5색 꽃가루를 날리는 환영을 받았다. 미국은 1억 5,000만 달러의 공공차관(AID 차관)을 제공하기로 결정하였고, 가외로 한국과학기술연구소(KIST)• 건립도 지원하기로 약속하였다. 그때부터 저리 장기의 공공차관 도입 물꼬가 터졌다.

한국과학기술연구소: 1966년 2월 미국이 지원한 자금에 한국 정부 출연금을 더해 설립된 연구소로서 포항제철소 건설과 중화학공업화에서 큰 역할을 하였으며, 이후 정부 출연 과학기술 연구기관의 모델이 되었다. 1989년 이래 명칭은 한국과학기술연구원이다.

박정희 정부는 1966년 9월에는 미국 측 요청을 받아들여 베트남에 전투부대 1개 사단(육군 9사단, 백마부대)을 증파하였다. 그리고 10월 말 존슨 대통령이 방한하였다. 한미 우호는 최고조에 달하였다. 미국은 그 이듬해(1967년)부터 시작하는 한국의 제2차 5개년계획을 적극 지원한다고 약속하였다.

1966년 12월에는 선진국들의 한국에 대한 경제협력기구인 대한국제경제협의체(IECOK)가 파리에서 창설되었다. 미국, 프랑스, 이탈리아, 캐나다, 오스트레일리아, 대만, 독일, 일본 등 8개 국가와 세계은행이 회원이었다. 이 협의체는 곧 회원국이 11개로 늘고 아시아개발은행(ADB)도 회원으로 가입해서, 한국의 경제 및 사회 발전에 필요한 차관과 직접투자 등 외자 조달 창구 역할을 맡았다. 한국 정부는 이 기구를 통해 제2차 5개년계획에 필요한 외자를 순조롭게 조달할 수 있었다.

아울러 박정희 정부는 어렵사리 한일 국교 정상화

를 매듭지었다. 긴축정책 및 외환 부족으로 심한 어려움을 겪던 1963년 박정희 정부는 한일 회담의 조기 타결을 추진하였다. 당시 한국이 주장하는 청구권 금액과 일본이 인정하는 청구권 금액 간에는 약 10:1의 격차가 있었다. 이래서는 협정이 타결될 수 없었다. 한일 양국은 청구권 순 변제 부분에 독립축하금 성격의 무상원조를 더해서 청구권 문제를 타결하기로 하고, 금액을 무상 3억 달러로 합의하였다. 이에 1964년 초부터 협정 체결이 가시화하였다.

하지만 야당과 대학생발(發)의 강력한 역풍(1964년 3.24 데모, 6.3 사태) 때문에 국교 정상화는 1년 넘게 지연되었다. 야당은 아무런 사실적 근거도 없이, 박정희 정부가 일본에 평화선을 넘겨주고 한일협정 후 한국이 일본의 상품시장, 경제적 식민지가 될 것이라고 선동하였다. 이로 인해 한일협정에는 '굴욕매국 외교' 프레임이 씌워졌다. 박정희는 비상계엄(1964년 6월)과 위수령(1965년 8월)을 발동하면서 반대를 억눌렀다. 1965년 6월에야 한일협정이 조인되고, 그해 8월 한일협정이 국회에서 비준되었다.

야당의 논리는 '일본이 무서워서 교류할 수 없다', '일본과 교류하면 잡아먹힌다'는 것인데, 이런 인식은

언론과 대학 등에 널리 퍼져 있었다. 한일 수교 후에는 일본의 공산품과 대중문화가 한국에 물밀 듯 밀려오고 일본 어선이 한국 근해에서 물고기를 싹쓸이해서 일본만 이득을 보고 한국은 피폐해질 것이라는 게 한국 세간의 인식이었다.

박 대통령은 6월 22일 한일협정 조인 후 23일 국민의 협조를 호소하는 특별담화를 발표하면서, "오늘의 국제정세는 우리에게 일본과의 국교 정상화를 강력히 요구하고 있"으며 "어제의 원수라도 오늘과 내일을 위해 필요하다면 일본 사람과도 손을 잡아야 하는 것이 국리민복(國利民福)을 도모하는 현명한 의식"이고, "우리의 주체의식이 건전하면 한일 국교 정상화는 좋은 결과를 가져온다"고 말하였다. 그는 일본의 군사적, 경제적 침략을 자초한다는 비난에 대해, "그처럼 자신이 없고 피해의식과 열등감에 사로잡"힌 "비굴한 생각이야말로 굴욕적인 자세"라고 반대자들을 논박하였다(대통령비서실 1966: 208~211). 박 대통령이 옳았다는 것은 그 후의 역사가 웅변한다.

한일협정으로 10년간 무상 3억 달러, 저리 공공차관 2억 달러, 그리고 3억 달러 이상의 상업차관을 제공받게 되었다. 1964년 총수출액이 1억 달러를 조금

넘고, 외환보유고가 1억 3,000만 달러에 불과한 상황에서 연 3,000만 달러의 무상 자금 등 청구권 자금은 외화 수급의 숨통을 틔우는 데 큰 도움이 되었다.

그러나 이 외화의 공급보다도 물자와 인력의 교류 통로가 열렸다는 게 중요하다. 일본산 자본재와 부품을 들여와 한국에서 조립해서 미국에 수출하는 3각 무역체제가 성립하였다. 그를 통해 조립가공형 무역과 산업이 탄생하였다. 이 조립가공형 산업구조는 한번 빠져들면 벗어날 수 없는 개미지옥 같은 게 아니었다. 자본재와 부품을 제조할 능력을 학습할 수 있느냐가 관건이었고, 한국인은 그것을 훌륭히 학습하였다.

베트남 파병도 진행되었다. 한국이 베트남에 파병하고 또 경제에 진출할 필요성은 일찍부터 제기되었다. 1961년 5.16 군사 쿠데타 후 6개월 정도 지난 11월에 박정희 국가재건최고회의 의장이 미국을 방문해서 케네디 대통령을 만났을 때 베트남 파병을 제안하였다. 당시 미국은 베트남에서의 지상전에 아직 미군을 파견하지 않았기에, 이 제안은 성사되지 않았다. 그러나 1964년 4월에 미국이 '더 많은 국기들'(The More Flags)이라고 해서 더 많은 나라들이 참여해서 남베트남을 지원해 줄 것을 제창하였고, 8월의 통킹만사건•과 이

통킹만사건: 1964년 베트남 동쪽 통킹만에서 일어난 북베트남 경비정과 미군 구축함의 해상 전투 사건. 미국은 이를 미군의 베트남전쟁 참전의 계기로 삼았다.

듬해 2월의 하노이 북폭을 거치며 미군이 대규모로 참전하였다. 이에 한국군의 베트남전 참전 길이 열렸다.

박정희 정부는 1964년 하반기 의무대와 태권도 교관단 등 파병에 이어 1965년 3월 2,000여 명의 공병대를 파병하였다. 1965년 5월 박정희 대통령의 미국 국빈방문 때 미국은 한국에 전투병 파병을 정식으로 요청하였고, 이에 한국 정부는 10월 전투부대인 청룡부대(해병)와 맹호부대(육군) 2만여 명을 파병하였다. 한일 국교 정상화에 대해 야당의 반대가 격렬하였던 것과 달리 베트남 파병동의안은 8월 국회에서 만장일치로 처리되었다. 언론도 호의적이었다. 당시 베트남 파병은 "한일협정 문제에 가려져서 아무도 그를 심각한 문제로 간주하지 않았다"(『조선일보』 1965. 7. 29).

전투병이 파병된 지 불과 2달 후인 1965년 12월 말에 미국이 한국에 전투병 증파를 요청하였고, 한국은 전투병 증파 결정을 내렸다. 한국이 받을 반대급부로서 일반적인 군사·경제원조에 더해서 베트남에 대한 물품 군납의 확대, 건설용역 업체의 진출, 기술자 고용의 확대가 이루어졌다. 이에 관한 합의가 1966년 3월 4일의 브라운(주한 미 대사) 서한에 명시되었다.

이렇게 해서 1960년대 후반에는 파병의 반대급부

|표 4| **베트남 관련 외화 수입**

(단위: 백만 달러)

	1965	1966	1967	1968	1969	1970	1971	1972	누계
① 상품 수출	14.8	13.9	7.3	5.6	12.9	12.8	14.5	12.5	94.3
② 군납	2.8	22.4	54.7	84.2	84.9	102.1	77.5	39.5	468.1
물품	2.8	9.9	14.5	32	29	47	38.2	23.1	196.5
용역		8.1	32.7	41.9	49.5	42	31	13.3	218.5
건설		4.4	7.5	10.3	6.4	13.1	8.3	3.1	53.1
③ 군인·기술자 송금	1.8	25.2	65.8	65	77	57.5	47.6	30.7	369.2
군인	1.8	15.5	31.4	31.4	33.9	30.6	32.3	26.8	203.7
기술자		9.7	34.4	33.6	43.1	26.9	15.3	3.9	165.5
④ 기타	0	1.1	9.2	9.2	14.6	17.3	15.2	12.7	79.3
특별보상지원			4.6	4.6	10.8	15.2	13.9	12	61.1
보험금		1.1	4.6	4.6	3.8	2.1	1.3	0.7	18.2
①+②+③+④ 합계	19.4	62.6	137	164	189.4	189.7	154.8	95.4	1,010.9
전체 수출액	175.1	250.3	320.2	455.4	622.5	835.2	1,067.6	1,624.1	5,350.4

자료: 주익종(2018: 54).

로서 '베트남 특수'가 생겼다. 1966년부터 근로자와 기업의 베트남 진출이 본격화하였다. 베트남에 대한 상품 수출이나 건설 수주는 소액에 그쳤으나, 물품 군납과 더불어 주월 미군이 발주하는 하역운송 등 용역 수주, 근로자 송출이 활발하였다.

베트남으로부터의 송금액은 막대하였다. 표 4에서 보는 것처럼 1965년에서 1972년까지 대 베트남 상품 수출과 무역(물품) 군납으로 2억 8,400만 달러가 들어왔고, 용역과 건설 수주, 군인의 송금, 기술자의 송금 등으로 모두 7억 3,800만 달러가 들어왔다. 도합 10억 달러가 넘었다. 1967년 한국의 수출액이 3억 2,000만 달러였는데, 베트남에서만 무역 외 수입으로 1억 3,000만 달러 가까이 들어왔으니 이 베트남 특수가 얼마나 큰 것이었는지를 알 수 있다.

수출의 증가와 고도 경제성장 개시

수출액(명목)은 우선 1962년 5,500만 달러로부터 1979년 150억 5,500만 달러로 박정희 집권기 17년 사이에 273배가 되었는데, 그 연평균 증가율은 39.2%나 되었다. 엄청난 증가율이었다. 이 중 1962~1970년간에는 연평균 40.7%, 1970~1979년간에는 연평균 37.9%로서 1970년대가 약간 더 낮았다. 그러나 출발점으로 잡은 1962년의 수출액이 워낙 작아서 수출액을 늘리기 더 쉬웠던 것을 고려하면, 두 시기의 수출 증가율에 차이가 있다고 하기는 어렵다.

이 중 1960년대의 수출은 특정 품목에 집중되어 섬유 의류, 합판, 가발의 세 품목의 비중이 1970년경 2/3에 달하였다. 1961~1970년에 섬유 의류 수출액은 85배로 커졌는데, 그중에서도 의류 수출액은 6만

7,000달러에서 2억 1,357만 달러로 3,200배로 커졌다. 같은 기간 중 합판 수출액은 120만 달러에서 1억 200만 달러로 85배가 되었으며, 1961년 3만 달러에 불과하였던 가발 수출액은 1970년 9,400만 달러로 3,100배 이상으로 급증하였다. 3,000배 이상 증가한 의류나 가발의 경우에서 보는 것처럼, 1970년경까지 수출 급증은 가히 무에서 유를 창조한 것과 같았다.

제1위 수출 품목인 의류에서는 1970년 스웨터가 전체의 1/3을 차지하였고 그다음이 와이셔츠로 20% 정도를 차지하였으며, 남자용 외의(겉옷)는 10%가 안 되었으며, 각종 의류부속품이 15% 정도를 차지하였다. 사실상 처음 의류를 수출하기 시작한 봉제업자는 몇몇 하급품에 치중할 수밖에 없었다.

당시 전형적인 수출현장이란, 여공이 미싱으로 박음질해서 아동복, 와이셔츠를 만들거나, 편물기로 스웨터, 내의를 짜는 것이었다. 그중 스웨터 수출은 1964년 56만 달러에서 1970년 8,431만 달러로 급증하였다. 스웨터 수출선은 초기에는 스웨덴이었으나 곧 미국으로 바뀌었다. 직물용 사(실) 및 직물의 경우 뚜렷한 주력 품목 없이 수많은 품목에 걸쳐 수출이 이루어졌다. 화섬공장이 막 건설되어 가동하는 때였으

|그림 2| 1960년대의 수출 추이

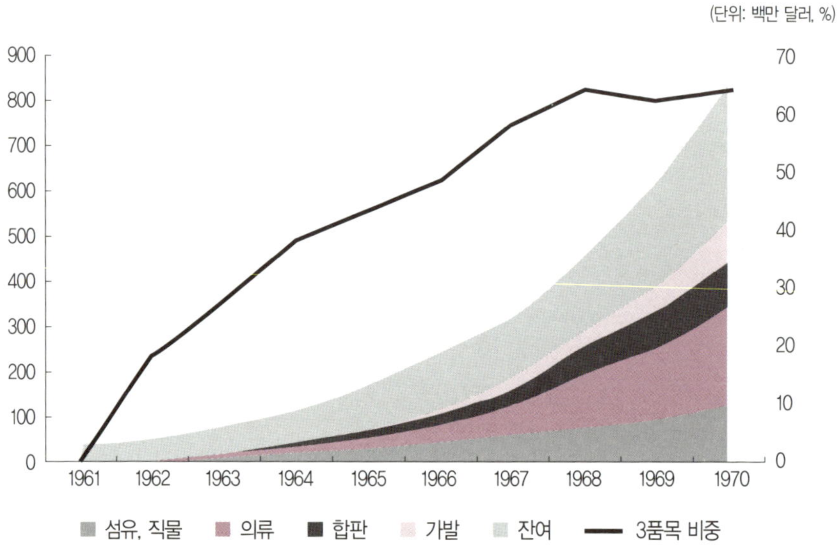

자료: 『한국통계연감』, 각년판.

므로 아직은 면직물과 면사의 수출이 가장 컸다.

합판 수출은 목재업자들이 일본의 합판가공업을 모방 학습한 데서 출발하였다. 1950년대에 전쟁으로 파괴된 건물의 건축이 활발하여 목재 수요가 증가하였고, 이에 목재산업이 발흥하였다. 복구 수요가 일단락되자 목재산업이 불황에 빠졌는데, 목재업자들은 새 활로로 일본의 합판가공업을 참고하여 합판 가공을 시작하였다. 합판 가공은 노동집약적 품목으로서 우리나라에 적합하였다. 1950년대 말부터 시작된 대미 합판 수출은 품질 개선을 통해 1960년대 중엽 이후 급증하였다. 1970년대 초에는 합판이 제2위의 수출품목이 되었고, 한국은 세계 1위의 합판 수출국이 되었다.

그리고 가발 제조 역시 1960년대 중엽부터 새로 생겨났다. 가발 제조는 우리나라 여성의 섬세한 손재주, 풍부한 노동력, 그리고 무엇보다도 국내에서 조달 가능한 원료 등 면에서 1960년대 전반 우리나라에 딱 맞는 업종이었다. 그러나 1960년대 초까지만 해도 국내에서 가발 제조는 거의 없었다. 서울통상(주)의 최준규가 가발 수출의 가능성을 보고 뛰어들었다. 다른 업자들도 다투어 가발 제조에 나섰다. 앞서 언급한 것처럼 1960년대 후반에 가발 수출은 폭증하였다.

한국산 가발이 미국 시장을 장악하여, 많은 미국 이민자들이 가발장사를 하였으며, 미국에서 가발 하면 '코리아'를 연상하였다 한다. 구로공단의 서울통상은 1,500여 명 여공을 거느린 국내 1위 가발공장이 되었다. 가발 외에 완구, 스웨터 수출도 겸한 서울통상은 1970년 수출액 2위 업체가 되었고, 동사 사장 최준규는 재벌기업가들을 제치고 1971년 개인종합소득세 납세 1위에 올랐다.

가발 제조에는 사람이 많이 필요하므로, 가발업체는 종업원 수로는 대규모 업체였다. 1970년경 미싱 1,000대 이상 업체가 3개였고, 종업원 500명 이상 업체가 11개나 되었다. 1972년 총 종업원 수 2만 1,000명이었다.

수출 급증의 요인은 무엇이었을까. 흔히 수출 증대의 요인으로서 정부의 수출지원책을 지적한다. 정부가 수출 인센티브를 대폭 강화하자 그에 끌려 수출이 급증하였다는 것이다. 그런데 수출 인센티브의 실제 크기를 계산해 보면 그것으로 수출 급증을 설명하기는 어렵다. 수출 인센티브의 실제 크기는 수출실효환율과 수입실효환율을 비교해 측정한다.• 물가상승을 고려한 각 환율의 실질치를 구해 보면, 우선 1960년대에 반드시 수출에 유리하게 변하였다고는 할 수 없다.

수출실효환율과 수입실효환율: 수출의 실효환율은 수출 달러 프리미엄에 저리 수출금융 등 보조금을 더해서 수출업자가 1달러어치 수출로 실제로 받는 금액을 뜻하며, 수입실효환율은 관세를 포함해서 수입업자가 1달러어치 수입 시 실제로 지불해야 하는 금액을 뜻한다.

그림 3에서 보는바, 1960년을 100으로 한 실질실효 수출환율은 1963년까지 86으로 떨어져 수출에 불리해졌다가 1964년의 환율 인상으로 95로 개선되었으나, 각종 수출지원책에도 불구하고 그 후 1970년경까지 그 수준(95 내외)에 머물렀다. 즉, 1964년 환율개혁으로 1963년에 비해 수출 유인이 강화되었으나, 이는

|그림 3| 1960년대 환율의 추이

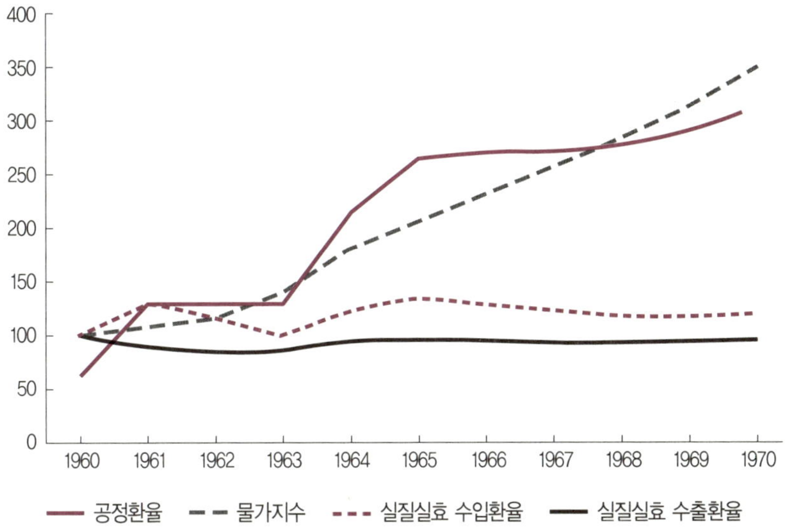

자료: 송의영(2015: 453).

1963년까지 악화된 수출 유인을 1960년 수준으로 되돌린 정도였다. 한편, 실질실효 수입환율은 1960년의 100 수준에서 1964년 123으로 높아졌고 그 후에도 그 수준(130 전후 혹은 110대 후반)에서 변동하였다.

요컨대, 1960년에 비해 실질실효 수출환율은 다소(5% 정도) 낮아졌고, 실질실효 수입환율은 그보다 더 높은 비율(20%가량)로 상승하였다. 이것은 내수용 생산보다 수출이 다소 유리하게 바뀌었음을 뜻하는데, 종래 내수용 생산보다 불리한 수출의 유인을 강화한 것으로 해석된다. 이에 관해서는 내수와 수출 간에 중립적인 무역기구가 창출된 것으로 보는 견해(웨스트팔)가 유력하다.

따라서 1960년대 중엽 이후 한국 정부의 수출지원 정책으로 인해서 수출이 내수지향 생산 활동보다 훨씬 유리해졌기 때문에 수출이 급증하였다고는 할 수 없다. 수출 유인은 약간 개선되었을 뿐이지만 기업이 수출을 대폭 늘린 것으로 보아야 한다. 즉, 수출 유인의 작은 개선에도 수출이 민감하게 반응하였다는 것이다. 1960년대 초 이후 한국의 수출업자가 왜 이렇게 폭발적 반응을 보였는가에 대해서는 향후 더 진전된 논의가 필요하다.

그런데 수출품 단가는 매우 저렴하였다. 1970년의 경우 스웨터 1타•의 평균 수출가격이 12.04달러로 스웨터 1벌당 1달러에 불과하였다. 와이셔츠도 마찬가지여서 1타 수출가격이 11.45달러로 와이셔츠 1벌당 역시 1달러에도 못 미쳤다(『무역통계연보』, 1970년판). 스웨터의 경우 마진율이 3%에 불과하였다고도 한다. 1960년대 중엽 상공부 공업국장으로서 공산품 수출 업무를 담당하였던 오원철은 이에 관해 다음과 같이 증언하였다.

1타: 12장 한 묶음.

내가 국장할 때니까 1964, 65년도일 거예요. 우리가 수출하는 것이 와이셔츠 같은 것인데 우리나라 물건들을 어디서 파는지 가르쳐 달라고 해서, 우리가 미국에서 찾다 찾다 간 게 그 시장이야. 우리나라 수원 시장쯤 될까. 창원 시장이나 될까. 그 정도로 조그만 시장 바깥에 있어요. 일층, 이층짜리 형편없는 집들이 쭉 나란히 있는 가게인데, 안에 보니까 전등도 안 켜서 깜깜해요. 가게 문밖에다 이만한 책상을 놨어요. 그 위에 쌓인 게 한국에서 수출된 와이셔츠인 거예요. 한국산 와이셔츠는 가게 안에 못 들어가요. 값이 싸서. 한 개씩은 안 팔아요. 한 타(12개)씩 팔아. 우리 여공들이 그렇게 열심히 만들었는데, 이렇게 푸대접을 받고 있나 생각했지요(대한민국역사박물관 현대사교육영상 「수출주도공업화」 중).

이것은 1960년대 후반 내지 1970년대 초 한국산 의류 수출품이 얼마나 싸구려 하급품이었는지를 말해준다. 그런데 이는 한국의 공산품 수출이 잘못 출발하였음을 뜻하지는 않는다. 실상 한국은 공산품 수출을 제대로 시작하였다. 원래 노동집약적 경공업이 경제발전 사다리의 첫 계단이며, 공업화는 시시한 제품을 만드는 데서부터 출발하는 것이다. 노벨경제학상 수상자인 시카고대 로버트 루카스 교수의 말이다.

섬유산업은 일종의 시작점입니다. 제가 처음으로 가진 한국 제품은 야구 글러브였는데요. 미국에서 파는 좋은 글러브는 매우 비쌌지요. 그런데 어느 날 아주 저렴하면서도 손바느질로 잘 만든 한국산 야구 글러브를 사게 된 겁니다. 아마 어떤 여성이 가죽을 한 무더기 집에 가져가서 만들었겠지요. 그것이 처음 산업을 시작할 때 할 수 있는 일입니다(「세계석학이 본 대한민국경제 100년」, 제2편, KBS, 2015).

한편, 수출 제조업이 발달한 것과 더불어 관련 산업도 발달하였다. 그 대표적 예가 섬유공업이었다. 섬유공업은 1963년 이미 제조업 취업자(40만 명)의 27%(11만 명), 생산액의 23%, 부가가치의 20%를 차지하는 제1의 산업이었다. 노동력이 풍부한 한국의 경제 여건에 비추어 수출 신장 가능성이 가장 큰 산업이기도 하였다.

최종 제품인 봉제품(와이셔츠 등)과 메리야스 제품(스웨터 등)의 수출과 내수가 증가하자 직물과 실에 대한 수요가 증가하였고, 그를 공급하기 위해 기존 면방직업의 시설 최신화와 나일론, 아크릴, 폴리에스터 등의 화섬공장의 건설이 진행되었다.

면방직업의 경우 일제하의 설비가 그대로 사용되어 1960년대 초까지 45% 정도만 새 기계로 대체되었을 뿐인데, 1960년대 수출업체를 중심으로 정부가 '헌 기계 없애기' 운동을 벌여서 1968년까지 노후기계의 33.6%를 최신 기계로 대체하였다. 아울러 합성섬유와 혼방할 수 있는 시설도 완비되었다.

그러나 더 중요한 것은 1960년대 후반에 합성섬유공업, 화학섬유공업이 생겨나 섬유공업의 새 장을 연 것이다. 합성섬유에는 실크와 유사한 나일론, 면제품과 유사한 폴리에스텔, 양모와 유사한 아크릴 섬유 등이 있었다. 1960년대 초 재일교포 이원만, 이원천 형제가 대구에 한국나일론이란 나일론 스트레치• 업체를 세웠는데, 이 업체가 나일론 필라멘트 일산 2.5톤 공장을 1963년 8월 준공하였다. 이것이 한국 화섬공업의 출발이었다.

나일론 스트레치: 나일론 필라멘트를 가공해서 나일론 천을 짜는 것.

1964년 7월에는 이병철과 조홍제가 한일나일론 공장을 세웠다(일산 1.3톤). 이후 화섬공장 설립이 줄을 이었다. 1965년 1월에 경남모직의 김한수가 마산에 일산 7.5톤의 아크릴파이버 공장(한일합섬)을 세웠다. 또 이임룡이 울산에 일산 6톤의 아크릴파이버 공장(동양합섬-현 태광산업)을 세웠다. 1968년 3월에는 첫 폴리에스터 공장으로 울산에 일산 6톤짜리 대한합성 공장이 탄생하였다. 면방직업체들이 공동 투자한 업

|그림 4| 제1·2차 5개년계획기(1962~1971년)의 경제성장률과 총고정자본 형성률

(단위: %)

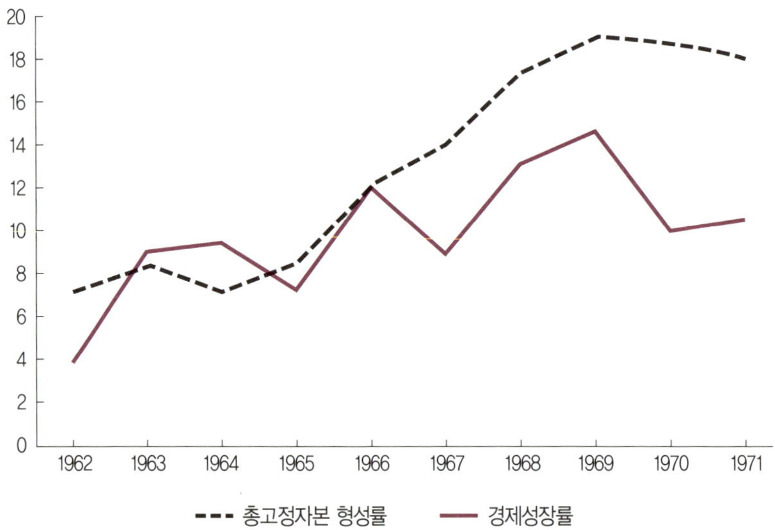

자료: 한국은행 경제통계시스템.

체였다. 같은 폴리에스터 공장으로서 1968년 12월에는 일산 7.5톤의 선경합섬 공장이 건설되었고, 또 조홍제가 단독으로 일산 7.5톤의 동양나일론 공장을 세웠으며, 장치혁이 일산 2.5톤의 고려합섬을 건설하였다. 바로 1968년에 화섬공장이 가장 많이 세워졌고, 그를 전후하여 기존 업체의 설비 증설도 다투어 진행되었다.

그런데 수출 자체는 1960년대 중엽에도 GDP의

|그림 5| **1960년대의 외자 도입**

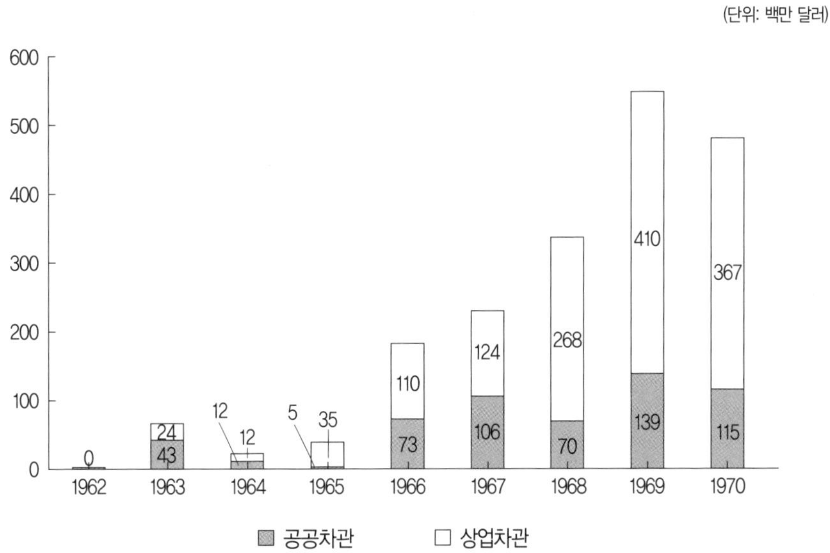

자료: 통계청(1995: 365).

7% 정도에 불과해서, 수출의 증가가 곧바로 고도 경제성장을 낳은 것은 아니었다. 수출 급증과 병행해서 투자율이 높아진 것이 고도 경제성장을 낳았다. 총고정자본 형성률은 1960년대 초 7~8%였으나, 빠르게 상승해 1970년을 전후해서는 20%에 육박하였다. 그 결과 1966년 최초의 두 자릿수 성장(10% 초과)을 기록하는 등 고도 경제성장이 개시되었다(그림 4).

이렇게 높아진 투자율을 뒷받침한 것이 외국 차관이었다. 그림 5에서 보는 것처럼 차관 도입액은

1965년까지 1억 달러에 못 미쳤으나, 1966년 이후 급증해서 1969년에는 5억 달러를 넘었다. 1960년대 전반까지도 한국의 대외 신인도가 낮아서 차관을 도입하기 어려웠다. 수출 호조, 한미 간 및 한일 간 협력체제 구축 등으로 대외 신뢰도가 높아지자, 1960년대 후반에 외자 도입이 단연 활발해졌다. 그 덕분에 1960년대 후반 총투자율이 급등할 수 있었다.

중화학공업화와 수출 대체

한국은 수출 경공업을 확대하는 데 머물지 않았다. 경공업 제품을 수출하는 공업화 전략이 선택되었을 무렵 그와 병행해서 중화학공업화도 추진하였다. 박정희 정부는 1960년대에 비료공장과 석유화학단지, 종합제철소의 건설을 추진하였으며, 1970년대에는 여러 중화학공업의 전면적 발달을 추진하였다. 이 점에서 한국의 공업화는 수출지향공업화와 중화학공업화가 동시병행적으로 진행된 복선형(複線型) 공업화였다.

1960·1970년대의 중화학공업화는 국가 주도와 지원으로 진행되었다. 1960년대 중엽 건설된 비료공장은 정부와 해외 기업의 합작으로 건설되었고, 1960년

대 말에서 1970년대 초에 건설된 최초의 석유화학단지(울산)에서는 업스트림(up-stream)의 NCC 공장은 공기업 유공이, 그리고 기초유분을 처리하는 다운스트림(down-stream)의 폴리에틸렌, VCM, AN, 카프로락탐 공장과 석유화학 지원 공단은 역시 공기업 충주비료가 담당하는 등 중요한 대규모 사업은 공기업이 맡았다. 1970년에 착공되어 1973년 준공된 포항종합제철소 역시 정부가 전액 출자한 공기업이었다.

1960년대 말, 1970년대 초의 안보위기• 속에서 박정희 대통령은 북한을 압도할 국력의 신장을 꾀하였다. 1973년부터 철강, 비철금속, 기계, 조선, 전자, 화학 공업을 6대 전략 업종으로 하여 본격 추진된 중화학공업화 역시 국가 주도와 지원으로 진행되었다. 다만, 각 부문의 핵심 사업은 공기업 대신 그간 성장한 민간 대기업이 맡았다. 내수와 수출 중 어디에 더 비중을 두는가는 업종별로 달리하였다. 상대적으로 노동집약적인 조선과 전자공업은 저임금 노동력을 바탕으로 한 수출특화산업으로 정의한 반면, 철강과 비철금속은 내수 충족에 우선을 두었다. 또 기술 수준이 낮은 기계공업도 수입 대체에 중점을 두었으며, 화학도 국내 자급에 우선을 두었다. 그러나 내수 충족

안보위기: 1968년 1월 21일 북한군 특수부대의 청와대습격사건(1.21 사태)이나 11월 울진삼척지구무장공비사건과 같이 북한의 대남도발이 격화되었으나, 베트남전에서 사실상 패배한 미국은 1969년 7월 닉슨독트린으로 향후 아시아에서의 지상전에 참전하지 않는다고 결정하였고 1970년대에는 미중 화해를 적극 추진하였으며 주한미군의 부분 철수까지 단행하였다.

이든 수출산업이든 모두 국제경쟁이 가능하도록 최신 설비 기술을 도입하고 규모의 경제를 구현하도록 하였다.

특히 7~8년 내 100억 달러 수출이 가능하도록 '전 산업의 수출화'가 목표가 되었다. 정부는 이를 위해 소수의 업체로 진입을 제한하였다. 정부는 규모의 경제를 구현하지 못한 1960년대의 정유, 비료 공업이나 과당경쟁으로 업계가 공멸한 PVC 공업을 반면교사로 삼아, 독점기업 육성이란 비판을 감수하고 산업별로 1~2개 업체의 진입만 허용하였다.

중화학공업에 대한 집중적인 투자의 결과, 총고정자본 형성률은 1970년대 초 20%가 안되던 것이 1970년대 말에는 일약 30%를 넘었다. 중화학 투자가 대대적으로 진행되는 가운데 1974년 오일쇼크로 인해 일시 타격을 받기도 하였으나 대신 중동 건설 특수•를 누리는 등 한국경제는 1970년대 후반에 '단군 이래 최대의 호황'을 누렸다.

1973~1978년의 6년 기간 중 1974년과 1975년을 제외하고는 모두 10%가 넘는 경제성장률을 기록하였다. 그 기간 제조업은 연평균 16.6%라는 경이적인 성장률을 기록하였다. 중화학공업화는 기계공업 부문

중동 건설 특수: 1973년 말 중동 산유국들의 담합으로 국제유가가 급등하였다. 중동 산유국은 막대한 오일 달러로 도로, 항만 등 사회간접자본을 건설하기 시작하였는데, 현대건설, 동아건설 등 한국의 건설업체들이 중동에 진출하여 이들 공사를 수주하였다. 1973~1985년의 수주액은 700억 달러가 넘어 국제수지 보전에 큰 도움이 되었다.

을 제외하고는 목표를 초과 달성하였다.

그 결과 1980년 전체 제조업에서 중화학공업의 비중은 54%가 되었으며, 1981년 공산품 수출에서 중화학 제품의 비중은 49%가 되었다. 공업구조의 이 같은 변화는 선진국에서는 100년 이상 혹은 수십 년에 걸쳐 서서히 달성되었지만, 우리나라는 채 10년도 안되어 성취하였다. 수출 100억 달러도 애초 목표보다 4년을 앞당겨 1977년 말에 달성하였다.

1970년대에 획기적 발전을 이룩한 공업 중 하나가 조선공업이었다. 조선업종은 1960년대 말까지 모두 기존의 생산 방식에서 벗어날 수 없는 일종의 락인(lock-in)• 상태에 있었다. 국내 해운사들이 주로 해외의 중고선을 구입하였기 때문에 국내 조선소의 건조 실적이 보잘것없었고, 그 때문에 외국으로부터 신조선 수주를 받을 수 없었다. 시장에 맡겨서는 조선공업의 발전을 기대할 수 없었다. 정부는 이 잠김 상태에서 벗어날 계기를 제공하였다.

락인: 어떤 바람직하지 못한 상태에 갇혀 있는 것을 말한다.

우선, 조선업에서 1970년 말 정부는 한국 조선소가 선박 건조 실적을 쌓을 수 있도록 2~3만 톤급 소형 유류 운반선 건조 사업을 벌였다. 정부는 국내에 원유를 공급하던 미국 걸프사에 소형 유류 운반선 발주를 부탁하였다. 대한조선공사는 걸프사로부터 총 6척 14만 톤의 선박 건조를 수주하였다.

또 정부는 현대 정주영을 채근하여 20만~30만 톤급 초대형 유조선(VLCC) 건조에 나서게 하였다. 건설업에서 성장한 기업가 정주영은 조선업도 건설업과 비슷하다고 보고 조선업에 진출하였다. 현대는 유럽에서 조선 설계도와 기술자는 쉽게 구하였으나, 차관을 얻기 위해서는 장차 건조할 배의 주문을 먼저 받아야 하였다. 현대는 아직 조선소 착공도 못한 상태에서 한 해운업자에게 초대형 유조선 2척을 건조 인도하기로 계약하였다. 이것은 국제시세보다 헐값인 데다가 한국 정부가 보증한 덕분이었다. 현대는 이로써 유럽 4개국으로부터 5,015만 달러의 차관을 얻었다.

현대는 울산에서 조선소 건설과 선박 건조를 동시에 진행하였다. 당시 블록공법이라 하여 배의 부분 블록을 만들고 그것을 도크에서 이어 붙였는데, 현대조선은 블록을 만들면서 동시에 도크 공사를 하였다. 제1호선은 1974년 2월 진수하여 1974년 11월 선주에게 인도되었다.

일감이 줄을 이었다. 1974년 초까지 총 12척, 300만 톤의 VLCC 건조를 수주하였다. 일본 조선회사들의 넘치는 일감이 현대에도 흘러들어 왔다. 현대는 일본의 가와사키중공업(주)과도 기술제휴를 하여 설계도면을 얻고 또 사원들을 기술 연수시켜 큰 도움을 얻었다.

현대는 전통적 선대 건조 방식•과 블록공법의 도크 건조 방식 등 서로 다른 계통의 영국, 덴마크, 일본 기술을 혼용하였다. 현대는 불과 수년 만에 자체 유조선 모델을 창출하였다. 한국 기업주와 관리자, 기술자, 근로자가 해외의 선진 조선기술을 급속히 학습한 것이 한국 조선공업을 훗날 세계 1위로 우뚝 서게 한 근본 동력이었다.

선대 건조 방식: 선박을 큰 격자형 레일 위에서 건조한 후 바다에 진수시키는 방식을 말한다.

1970년대 중화학공업화기에도 수출은 급증세를 이어 갔지만, 그 주력품은 빠르게 바뀌었다. 1960년대의 주력 수출품 중 섬유 의류 수출액은 1970년대에 3억 4,100만 달러에서 42억 700만 달러로 12배가 되어(섬유는 14배, 의류는 11배) 1위 수출 품목의 자리를 지켰으나, 4.4배 증가한 합판은 8위로 떨어졌으며, 가발은 수출액 자체가 감소하여 주요 수출품 그룹에서 탈락하였다.

그 대신 1979년에는 신발, 전기기기, 수송기기, 철강 제품 등이 주요 품목으로 등장하였다. 1970년 수

|그림 6| 1970년대 수출 대체

(단위: %)

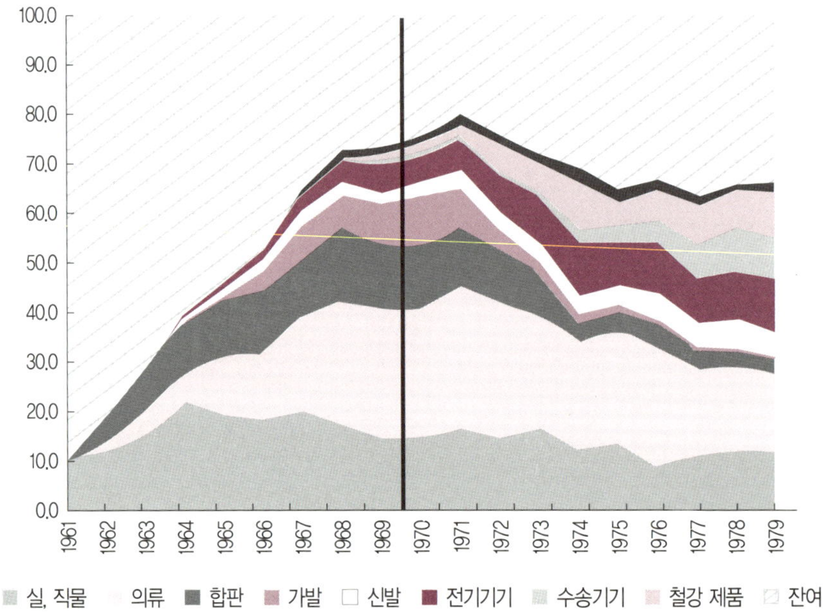

자료: 재무부 관세국(관세청), 『무역통계연보』, 각년판.

출액 1,700만 달러로서 수출 품목 중 7위였던 신발이 1979년 수출액 7억 6,400만 달러로 4위로 올랐다. 또 전기기기, 수송기기, 철강 등이 주력 수출 품목으로 등장하여 1979년 전기기기 제품은 수출 품목 중 2위, 철강 제품이 3위, 선박이 5위가 되었다. 섬유 의류와 신발 등 경공업 제품이 1위와 4위 등 상위에 머물렀으나, 중화학공업 제품이 2, 3, 5위를 새로 차지하였

|표 5| **1970년대 선박 수출액과 그 내역**

(단위: 백만 달러)

연도	수송기기	선박	내역
1970	9	3	
1971	7	3	
1972	14	1	
1973	24	5	
1974	121	74	2만 톤 미만 탱커(4) 40.0, 26만 톤 탱커(1) 30.6
1975	184	138	철강어선 10, 탱커 101.7, 철강화물선 11.3
1976	344	277	탱커(3) 78.5, 화물선 131.2, 특수선 25, 기타 선박 38
1977	681	529	
1978	1,128	801	탱커 59, 화물선 483.2, 기타 13.5, 특수선 1.7
1979	1,102	517	

자료: 『무역통계연보』.

으니, 이는 바로 경공업 제품에서 중화학공업 제품으로의 수출 대체였다.

선박 수출액은 1970년에서 1973년까지는 연 100만~500만 달러에 머물렀으나, 일약 1974년에 7,400만 달러로 뛰고 이후 1978년까지 계속 증가해 8억 달러에 도달하였다가 1979년에 5억 1,700달러로 줄었다. 1970년대 수송기기 수출의 대부분이 선박이었다. 그 주요 내역은 초대형 유조선과 화물선이었다. 초대형 유조선은 1970년대 초에 수주하여 대부분 1976년경까지 인도하였고, 그 후에는 화물선이 주종을 이루었다.

또한 전기기기의 수출액은 1970년 4,400만 달러에

최초의 초대형 유조선 2척 명명식(1974년 6월 28일 울산)
자료: 현대중공업 소장.

서 1979년 16억 5,000여만 달러로 40배 가까이로 급증하였다. 1970년에는 트랜지스터, 그 밖의 반도체 소자 등 전자부품 위주였다. 1979년에는 반도체 집적회로(IC), 트랜지스터 등 전자부품류 수출액이 아직은 더 크나, TV, 라디오 등의 세트 제품 수출액이 급증해서 향후 주력 수출품이 될 것이 전망되었다.

요컨대, 수출 상품 구성은 1970년경 섬유 의류, 합판, 가발 세 품목이 전체 수출의 2/3를 차지한 기형적인 것으로부터, 1970년대 말 중화학공업 제품 비중

|표 6| **전자기기 수출품 내역**

(단위: 백만 달러)

1970년		1979년	
품목	금액	품목	금액
총액	43.9	총액	1,651.9
트랜지스터	13.3	TV	299.4
기타 반도체 소자	13.3	라디오	231.4
라디오 수신기	4.4	반도체 IC	235.9
기타 접속용품	3.8	기타 초소형전자회로	85
가변축전기	1	트랜지스터	92.2
기타	8.1	다이오드	45.6
		기타	662.4

자료: 『무역통계연보』.

이 커진, 좀 더 다각화된 것으로 바뀌었다.

한편, 그 주요 교역국인 미국, 일본과의 국제분업 관계가 만들어졌다. 수출과 수입의 지역별 구성을 보면 수출, 수입 모두 미국과 일본의 비중이 압도적으로 컸다. 수출선으로는 미국이 1위, 일본이 2위였는데, 미국의 비중은 1968년까지 급증해서 50%를 넘었고 1972년까지 그 수준을 유지하였다가 그 후 비중이 낮아졌다. 일본의 비중은 25%를 전후해서 20%대를 기록하였다. 양국의 비중 합계치는 1971년 75%에 달하였으며, 1970년대 말에는 50%선으로 떨어졌다.

그리고 수입선으로는 일본이 1위, 미국이 2위였는

|그림 7| 1960~1970년대 주요 수출국 비중

(단위: %)

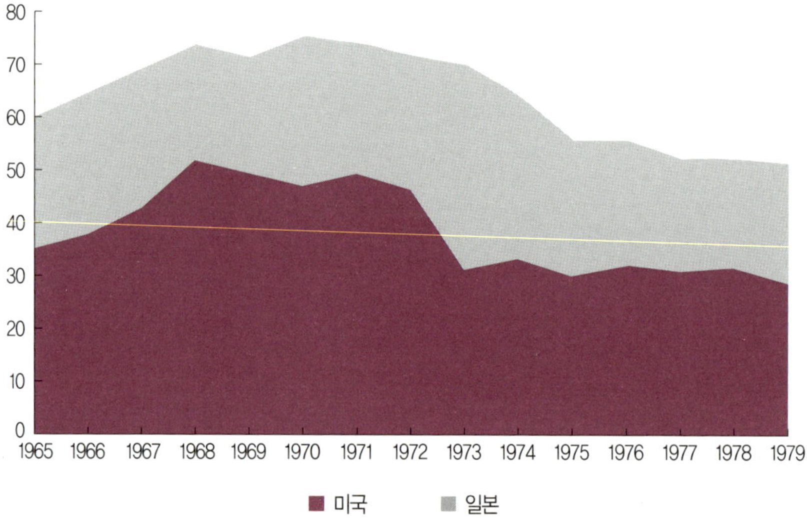

자료: 재무부 관세국, 『무역통계연보』, 각년판.

데, 일본으로부터의 수입은 1965~1979년에 계속 40% 내외의 비중을 차지하였으며, 미국의 비중은 1960년대 후반 30%대에서 1970년대 말 22~23%선으로 낮아졌다. 수입선에서도 양국의 비중 합계치는 1960년대 후반 75%에서 서서히 낮아져서 1970년대 말에는 50% 후반이 되었다(그림 7).

1위 수출지인 미국에 대한 수출 상품의 구성을 보면 의류, 가발, 신발 등 잡제품 위주였다. 이들을 중심으로 한 잡제품이 1970년에는 전체의 60%, 1975년에는 54%를 차지하였다. 다만, 1975년에 그 비중이 다소 줄어든 것 외에도 품목이 다양해졌다. 1970년에 의류, 신발, 가발 세 품목이 전체의 59%였으나, 1970년에는 30%에 그쳤다. 대신 전기기기 수출이 대폭 늘었고, 철강 제품의 수출 역시 늘었으며, 잡제품 내에서도 여러 제품의 수출이 늘었다.

2위 수출지인 일본에 대한 수출품의 구성을 보면 전통적인 대일 수출품인 식료품과 비식용원료품의 비중이 상당히 컸다. 1950년대의 주력 수출품인 수산물과 더불어 돼지고기 등 육류 수출이 늘었고, 생사의 수출도 활발하였다. 1960년대 이래 새 수출품으로서 직물과 의류가 1975년 34% 비중의 최대 수출품이었는데, 또 새로 전기기기 제품의 비중도 커졌다. 하지만 미국과 비교하면 일본의 공산품 수출시장으로서의 의의는 크지 않았다.

반면, 일본은 한국의 1위 수입선이었다. 그중에서도 일본은 일반기계 및 전기기기, 수송기기 등 기계류 및 부품의 수입선으로서 중요하였다. 일본으로부터의 수입품 중 그 비중은 40%에 달하였으며, 그다음으로는 소재 용도의 화학품 수입이 20% 비중을 차지하였으며, 이어서 직물 및 직물용사 등 각종 공업 제품의

|그림 8| 1960~1970년대 주요 수입국 비중

(단위: %)

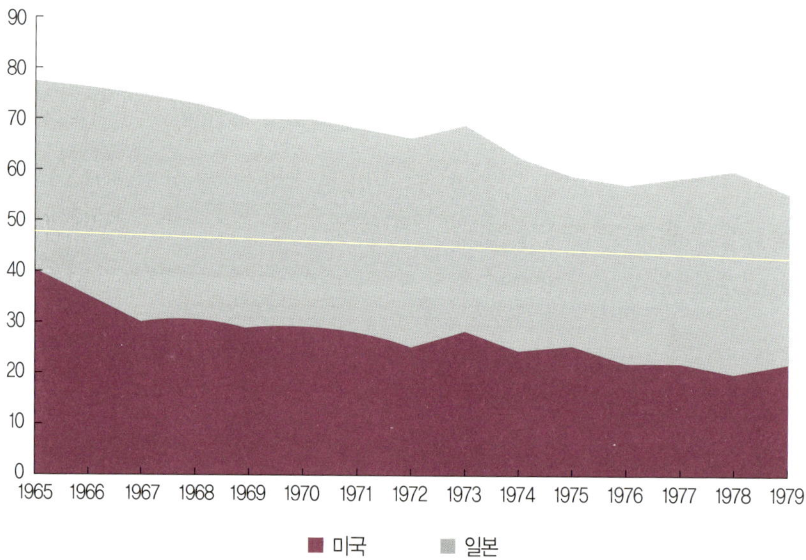

자료: 그림 7과 같음.

수입이 있었다.

제2위의 수입선인 미국은 쌀과 밀 등 식료품, 원면과 목재펄프, 인산염, 금속광 등 공업원료의 공급지로서 중요하였다. 대미 수입액 중 식료품과 비식용원료의 비중은 60%를 상회하였다. 그다음으로는 기계류 및 수송기기의 수입 비중이 컸다. 반면, 소재로서 화학품이나 소비재 공산품의 수입은 별반 크지 않았다(그림 8).

요컨대 1960년대 중엽 이후, 특히 1970년대에 한미일 3각 무역구조, 국제분업 구조가 만들어졌다. 한국은 미국으로부터 식량과 공업원료를 공급받고 일본으로부터는 기계류와 부품, 소재를 공급받아 주로 소비재 공산품과 부차적으로 생산재를 생산해서 일부는 내수 소비와 투자에 충당하고 다른 일부는 주로 미국, 부차적으로 일본에 수출하였다. 일본으로부터는 기계와 부품, 미국으로부터는 원료를 공급받아 미국 시장에 수출한 것은, 한국이 세계 1급의 선진국들과 긴밀히 경제 관계, 국제분업 관계를 형성하였음을 뜻한다. 한국은 이를 통해서 선진 경영관리 기술과 생산제조 기술을 학습 체화하였다. 이것이 한국경제가 후진국 상태에서 빠르게 벗어나 중진국화하고 나아가 선진화하는 핵심 계기가 되었다.

3

제조업 강국의 길로

수출형 중화학공업의 발전

세계 제조업의 한 축이 되다

수출형 중화학공업의 발전

1970년대에 대대적으로 건설된 중화학공업은 조선공업을 제외하면 대개 내수를 향한 산업이었다. 이와 달리 1980년대에는 수출형 중화학공업이 발달하였다. 그 사이에 박정희 정권이 무너지고 새로 전두환 정권이 등장하는 변화가 있었다.

1979년 10월 26일 박정희 대통령의 피살과 유신정권 붕괴 이후 전두환이 이끄는 신군부가 집권하였다. 전두환 정부는 1970년대 중화학공업화에 비판적인 경제기획원 라인에게 경제정책의 주도권을 주었다. 전두환 정부는 이 이코노미스트 그룹의 조언에 따라 1970년대 중화학 투자가 과도해서 동반 부실화의 위기를 낳았다고 판단하고, 그중 발전설비와 자동차(승용차)에 대해 투자조정을 시도하는 등 국가 주도의 중화학 투자를 중단하고 경제 안정화에 주력하였다.

투자조정은 발전설비 부문을 1사로 통합한 것, 승용차 부문 자동차를 3사에서 2사로 줄인 것에 그쳤다. 경제위기의 원인으로서 중화학 중복 과잉투자를 내세운 것치고는 빈약한 결과였다. 반면 전두환 정부가 당면한 인플레이션을 억제하기 위해 펼친 경제

안정화 정책은 큰 성과를 냈다. 정부는 예산 동결, 통화 긴축, 금리 인하와 함께 노동조합 억압을 통한 임금 인상 억제 등을 강력 시행하였다. 일례로 예산 동결로 인해 GDP 대비 일반 정부지출 비율은 역대 어느 정부와도 달리 전두환 정부에서만 23%→20%로 하락하였다. 그 결과 물가는 1982~1987년의 6년간 연평균 3.5% 인상되었으니, 해방 이후 지속된 만성적 인플레이션이 비로소 해소되었다.

1970년대까지 정부가 중화학 투자를 결정하였으나, 1980년대에는 민간 주도로 대규모 중화학 투자가 이루어졌다. 민간 기업이 정부의 계획과 관계없이 혹은 정부의 의사를 거스르고 대규모 투자를 행하였다. 바로 1980년대 초 현대의 승용차 양산 투자와 삼성의 반도체 투자가 그러하였다.

1970년대에 자동차공업에 대대적인 투자가 이루어져 그 생산량은 1974~1979년 사이에 10배나 늘었다. 그러나 1979~1980년의 국내 정변과 해외의 제2차 오일쇼크로 인해 승용차 수요가 격감하여 국내 자동차 3사는 거액의 적자를 기록하였다. 바로 이 상황에서 1981년 10월 현대그룹은 미쓰비시와 합작으로 전륜구동의 소형 승용차 연 30만 대 대량생산체제를 구축하기로 결정하였다. 현대의 정주영 회장은 당시 1인당 국민소득이나 인구 규모에 비해 국내 승용차 보급 대수가 현저히 적었던 데서 향후의 내수 확대 가능성을 포착하였고, 안전 및 배기가스 규제 기준을 충족할 경우 미국 시장에 진출할 가능성도 보았다. 이 30만 대는 1981년 국내에 등록된 모든 승용차 대수(26만 7,000여 대)보다도 컸다. 수출을 목표로 한 대담한 투자 결정이었다.

기아와 대우도 수출용 소형 승용차의 양산체제를 구축하였다. 기아와 대우는 프라이드와 르망을 생산하기 시작하였는데, 이는 한국에서 소형차를 생산해서 미국 등 세계 시장에 팔겠다는 포드와 GM의 월드카 생산 전략의 일환이었다.

현대차는 새로 포니엑셀을 개발하고 1985년 2월 연 30만 대 양산 공장을 준공하였다. 이 대담한 강수가 적중하였다. 1980년대 미일 무역역조 심화에 따른 일본 자동차업계의 대미수출 자율규제(특히, 소형차)와 엔고로 북미 시장이 예기치 않게 열렸다. 1986~1988년간 북미 중심으로 승용차 수출이 급증하였다. 승용차 수출 대수는 1985년의 12만 대에서 1986년 30만 대를 거쳐 1987년 54만 대, 1988년 56만 대로 급증하였다. 포니엑셀은 당시 미국의 10대 히트상품에 들면서 값싼 소형차 바람을 일으켰다. 대우차 르망과 기아차 프라이드도 수출 대열에 동참하였다.

1987년의 민주화와 노사분규 이후 한국산 자동차의 품질 문제가 제기되면서 1989년 수출 대수가 줄고, 미국 시장 점유율도 3%에서 1%로 추락하였다. 그러나 이 위기는 때마침 폭발한 내수 시장의 호황으로 쉽사리 넘겼다. 88 서울올림픽 이후 국민들의 자신감, 장래에 대한 기대감이 고양하였다. 특히 베이비부머가 30대에 진입하기 시작하여 주 소비 계층으로 등장하였다. 내수가 폭발하였다. 자동차 내수는 1988년 50만 대를 넘었고, 불과 2년 뒤인 1990년에 100만 대에 육박하였으며, 1993년에는 150만 대에 육박하도록 급증하였다.

1980년대 전반에 반도체 부문에서도 민간 주도로 신규 투자가 이루어졌다. 한국 반도체 산업은 페어차일드, 모토롤라 등 외국 기업이 1960년대 후반 트랜지스터와 다이오드 등을 조립 생산하는 것으로 출발하였다. 경영난에 빠진 트랜지스터 제조업체 한국반도체(주)를 1977년에 삼성이 인수하여 1980년 1월 삼성전자에 합병하였다.

삼성은 1982년에 세계 반도체 시장과 반도체 사업을 본격 연구한 후 1983년 2월 초집적회로(VLSI), 즉 D램 메모리 반도체 분야에 진출한다고 발표하였다. 이에 뒤쳐질세라 현대그룹과 럭키금성그룹도 반도체 사업 진출을 결정하였다. 모토롤라로부터 기술을 도입한 삼성은 1983년 11월 64K D램의 개발에 성공하고 이듬해 기흥에 반도체 공장을 건설하였다. 현대와 금성사도 각기 이천과 구미에 공장을 세웠다. 3사의 반도체 투자액은 그해 전자공업 투자의 40%이자 전 제조업 투자의 10%에 해당하였다.

그러나 현대의 자동차 양산체제 투자와 달리, 이 반도체 투자는 국제 시장에서 역풍을 맞았다. 일본 반도체 업계가 증산으로 물량을 쏟아낸 결과, 64K D램 가격이 폭락하였다. 현대와 금성은 주문형 반도체의 하청 조립 생산으로 방향을 돌렸다. 삼성은 거액의 적자를 감수하면서 D램의 개발 및 생산을 계속하였다.

1980년대 후반 엔화의 대폭 절상과 미일 반도체 마찰의 반사이익을 한국 반도체 회사들이 누렸다. 1980년대 말에 반도체 업황도 호전되었다. D램 가격이 올랐고 기업의 매출과 순이익도 급증하였다. 일례로 삼성반도체는 1988년 3,200억 원의 순이익을 올려

그 전까지의 누적 손실을 다 만회하였다.

국내 반도체 회사들은 선진국과의 개발 기간 격차를 계속 줄였다. 특히 삼성은 1988년 4M D램 개발에서 선도국 일본과의 격차를 6개월로 줄였고, 마침내 1992년 11월에 세계 최초로 64M D램 시제품 개발에 성공하여 D램 분야에서 미국, 일본과 대등한 수준에 도달하였다. 삼성은 반도체 사업을 시작한 지 10년도 채 안되어 선진국 기업을 따라잡았다.

이처럼 자동차공업과 반도체공업에서는 민간 대기업이 독자적으로 판단하여 높은 위험을 감수하고 막대한 투자를 감행하여 선진국 기업을 캐치업하였다. 그 과정에서 정부는 거의 수수방관하였고, 그만큼 민간 주도성이 두드러졌다. 이 투자는 해외 시장을 겨냥한 것이었고, 이제 수출형 중화학공업이 본격적으로 발전하였다.

이 수출형 중화학공업의 발전기에 한국경제는 한층 더 성장하였다. 그림 9에서 보는 것처럼 한국경제는 1981~1982년에 예년의 성장세를 회복하여 1980년에 기록한, 6.25전쟁 후 최초의 마이너스 성장이라는 충격에서 빠르게 벗어났다. GDP 성장률은 1981~1982년에 7~8%를 기록하였고, 1983~1984년에는 13%, 10%의

|그림 9| 1980~1990년대의 경제성장

(단위: %)

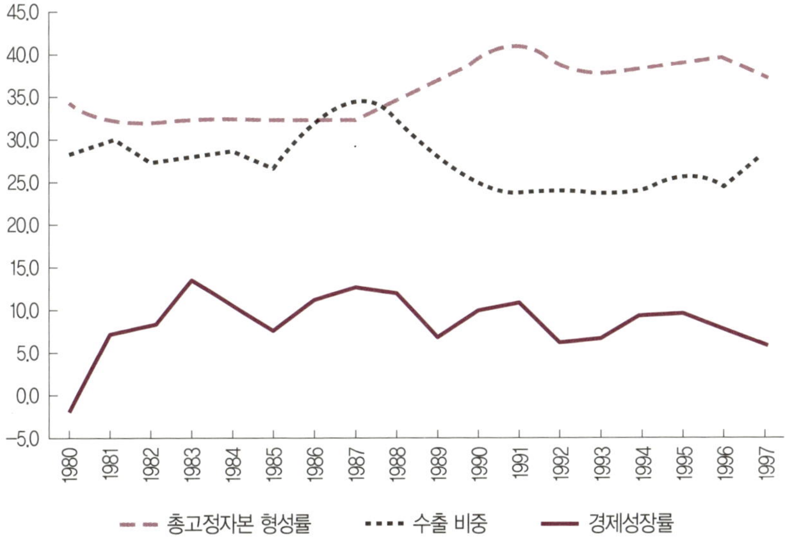

자료: 한국은행 경제통계시스템.

고도성장을 기록하였다. 제조업 성장률은 1981~1982년에 9%, 5%로 상대적으로 부진하였으나, 1983~1984년에 강한 성장세를 보여 17%, 20%를 기록하였다. 1983~1984년의 생산 증가는 제조업에서 두드러졌다.

1970년대 말 35%에 육박하였던 총고정자본 형성률은 1981년 28%선까지 떨어졌으나 그 후 계속 상승하였다. 1982년이면 기업가의 투자심리가 회복으로 반전해서 투자수요가 성장을 견인하였다. 투자수요를 촉발한 것은 수출이었다. 1981년에 21%나 증가하였던 수출은 1982년에 정체하였으나 1983~1984년에 12%, 20% 증가하였다.

1985년 수출 증가와 GDP 성장의 일시 둔화를 보았으나, 1986~1988년에 3저 호황이 왔다. 바로 3년간 연속해서 10~11%대의 두 자릿수 성장률을 기록한 것이다. 한국경제사에서 1976~1978년에 이은 두 번째이자 마지막 3년 연속 두 자릿수 성장이었다.

여기에는 저달러(엔화 대비), 저유가, 저금리의 국제시장 조건(이른바 3저(低))이 호재로 작용하였다. 이 3저는 1985년 서방 주요국 간의 플라자합의•에서 기인하였다. 그에 따라 1985년 1달러에 240엔이던 일본 엔화 환율이 1988년까지 128엔으로 절상되었다. 달러화 가치 하락 덕분에 미국 경제가 회복된 반면 일본과 서독은 타격을 입었는데, 그 뜻밖의 수혜자가 한국이었다. 그간 일본 제품과 힘겹게 경쟁하던 한국 제품은 이 엔화 가치 폭등 덕분에 큰 가격경쟁력을 갖게 되었다.

또 1985년 배럴당 28달러였던 국제 유가가 1986년 15달러로 떨어졌다. 한국 기업들은 원자재와 에너지를 수입해서 공산품을 생산하여 수출하고 있었는데, 에너지 가격의 하락은 원가를 떨어뜨려 제품의 국제경쟁

플라자합의: 미국의 막대한 쌍둥이 적자(무역 적자와 재정 적자) 문제 때문에 1985년에 소집된 서방 5개국(G5) 재무장관 회의에서 미국의 수출경쟁력을 높여 무역 적자를 줄이기 위해서 일본 엔화와 독일 마르크화의 통화가치 상승(달러화의 가치 하락)을 유도하기로 합의하였는데, 회의 장소인 플라자호텔의 이름을 붙여 이를 플라자합의라 부른다.

력을 높여 주었다. 아울러 석유수입액이 줄어들어 국제수지도 개선되었다.

국제금리는 1986년 이후 안정적인 저금리가 되었는데, 거액의 외채를 진 한국경제의 원리금 상환 부담이 크게 경감되었다.

이 결과로 한국의 수출이 급증하였다. 1985년 300억 달러이던 수출은 1988년에는 600억 달러가 되어 3년 만에 100% 증가하였다. 증가율은 1986년 14.6%, 1987년 36.2%, 1988년 28.4%였다. 중화학공업 제품 수출이 급증하였고, 이것이 중화학공업을 중심으로 제조업의 성장을 이끌었다.

1986~1988년간 제조업 성장률은 연평균 17%에 달하였고, 3저 호황은 제조업이 이끈 호황이었다. 중화학공업이 급속히 성장해서 1980년 60%에 못 미쳤던 중화학공업의 비중이 1990년에는 71%로 되었다.

5대 수출 품목도 바뀌어 1980년 섬유류-전자 제품-철강 제품-신발류-선박이던 것이, 1990년에는 전자전기-섬유류-철강 제품-선박-화공품이 되었다. 수출에서도 중화학공업 제품이 확실한 중심을 차지하게 되었다.

수출 급증 덕분에 1986~1988년의 3년간 한국의

국제수지가 흑자로 돌아섰다. 1876년 조선 왕조가 개항한 이후 110년간 한국경제는 무역수지 적자를 면치 못하였다. 적자를 메우기 위해 외국에서 원조와 차관을 얻고 직접투자를 유치하였으며, 이 점에서 한국경제는 비자립적이었다. 그러나 이 3년에 걸친 국제수지 흑자는 한국경제가 드디어 자립경제를 성취하였음을 의미하였다.

하지만 3저라는 외부 환경의 호전 덕분에만 국제수지 흑자가 난 것은 아니다. 이미 1980년대 초부터 경상수지 적자 폭은 줄어들고 있었다. 한국경제는 1979~1980년 연 40억 달러대의 무역적자를 기록하였으나, 적자 폭이 1983~1984년에는 연 17억~10억 달러로 줄었고, 1985년에는 수지 균형 상태에 이른바 있었다. 1980년대 전반의 경제 긴축 및 기업의 수출경쟁력 회복과 더불어 무역수지는 만성적 적자 상태에서 탈출하였다. 그리고 3저라는 국제 시장의 호전과 더불어 큰 폭의 무역수지 흑자를 누리게 되었다.

이 국제수지 흑자 덕분에 외채도 감소하였다. 외채 총액은 1980년 112억 달러에서 1985년 275억 달러까지 증가하였으나, 1986년부터 1988년까지 3년간 매년 감소하여 160억 달러로 되었다. 1980년대 초에 떠

돌던 외채망국론이 이로써 수그러졌다.

그 후 한국경제는 1987년의 민주화와 노동자 대투쟁•에 따른 임금 상승으로 어려움을 겪으면서도 1988년 서울올림픽과 그 후의 냉전 종식• 이후 구공산권 국가들과의 교류 확대 등에 힘입어 1997년 외환위기를 맞을 때까지 다시 한 번 고도성장을 구가하였다.

노동자 대투쟁: 1987년 6월항쟁 이후 7월부터 9월까지 전 지역과 업종에 걸쳐 폭발된 노동자들의 대규모 파업투쟁.

냉전 종식: 1989년 베를린 장벽 붕괴와 1990년 독일 통일, 1991년 소련 해체 등 공산권 붕괴로 자유 진영과 공산 진영의 40여 년에 걸친 대립이 해소되었다.

1987년 노동자 대투쟁 이후의 급격한 임금 인상의 결과 수출 기업의 채산성이 악화되어 1989~1990년에 수출 증가세가 일시 둔화(각기 전년 대비 2.8%, 4.2% 증가)되었으나, 그 후 1995년까지는 연평균 14.0%의 양호한 성장세를 보였다. 특히 1994, 1995년 수출 증가율은 17%, 30%에 달하였다. 수출액은 1994년에 1,000억 달러에 근접하고 1995년에 1,250억 달러에 달하였다.

수출을 끌어올린 산업 부문은 기계 및 운수장비였다. 수출 중 기계 및 운수장비의 비중은 1990년 39.3%에서 1995년 52.5%로 커졌다. 그중에서 전기전자가 으뜸이며, 그다음이 운수장비(자동차, 조선)였다. 수출 중 전기전자의 비중은 1990년 25.6%에서 1995년 33.9%로 급등하였다가 1997년 29.4%로 다소 낮아졌다. 또 운수장비의 비중은 1990년 9.8%에서 1997년 14.9%로 높아졌다. 수출 1위 품목인 반도체 수출은 1994~1995년에 전년 대비 각기 54%, 68%나 증가하였다.

이 수출 호조에는 엔고가 일조하였다. 달러당 엔화 환율이 1990년 145엔이던 것이 해마다 하락해 1994년 102엔, 1995년에는 94엔이 되었다. 엔화 절상으로 일본 기업이 어려움을 겪는 사이에 그와 경쟁 관계에 있는 한국 기업이 반사이익을 누리게 되었다.

반면, 수출 중 섬유류, 신발의 비중은 1990년 28.1%에서 1997년 13.6%로 격감하였다. 해당 산업은 급격한 임금 인상 및 중국의 부상에 따라 급속히 사양산업화하였다.

그런데 1980년대 말과 1990년대 전반에는 수출이 한국경제의 견인차 역할을 하지 못하였다. 앞의 그림 9에서 보는 것처럼, 국내총지출 중 수출의 비중은 1980년대 후반 3저 호황기에 35%까지 올랐다가 1990년부터 25%선에 머물렀다. 그 대신 1990년대에 한국경제를 견인한 것은 투자였다. 1980년대 말에 35%로 상승한 투자율은 1990년부터 40%를 넘나들었다. 과열 양상까지 띤 투자의 재원으로서 외채 관리가 잘못되어 한국은 1997년에 외환위기•를 맞게 되었다.

외환위기: 1990년대의 투자 붐 속에서 단기 외채 도입이 과대하였던 한국은 1997년 외환보유고로는 만기도래한 외채를 감당할 수 없게 되었고, 마침내 그해 11월 국제통화기금에 긴급융자신청을 하였다. 미국 정부의 개입 덕분에 외국 채권은행들과의 만기연장 협상이 타결되었으나, 한국은 기업, 금융, 공공, 노동 등 4개 부문에 걸쳐 강도 높은 개혁을 해야 하였다.

세계 제조업의 한 축이 되다

한국경제는 외환위기 이듬해인 1998년 -5.7%의 경제성장률과 혹독한 구조조정 등 어려움을 겪었으나 마침 세계경제에 닥친 세계화(globalization)• 속에서 발전 기회를 잡았다. 1960년대 이래 수출형 산업구조를 형성한 한국은 세계적인 제조업 강국의 반열에 오르게 되었다.

세계화: 전 지구적 차원의 시장 통합을 뜻하는 세계화는 19세기 후반 증기선 및 철도, 전신 전화 등 교통통신의 획기적 발전을 계기로 하여 서구 열강이 아시아와 아프리카에서 식민지 종속국을 획득하고 그를 1차 산품 원료의 공급지 및 공산품 시장으로 개편한 것이 시초였다. 20세기 후반을 제2차 세계화라 할 수 있는데, 1990년대 이후의 세계화는 이 제2차 세계화의 심화 국면이라 할 것이다.

1990년대 이후 세계경제에서는 세계화가 크게 진전하였다. 20세기 말 이후 세계화의 요인으로는 크게 세 가지 정도를 꼽을 수 있는데, 첫째는 구 공산국가들이 시장경제로 체제 전환하여 세계 시장이 크게 확대된 것이다. 1990년을 전후하여 동유럽 각국과 구 소비에트 연방 국가들은 공산체제에서 시장경제체제로 전환하였다. 또 중국은 1992년부터 개혁·개방을 더욱 확대하는 조치로서, 해외 자본을 적극 유치하여 민간 기업에 의한 수출 제조업을 적극 육성하기 시작하였다. 그 후 중국은 세계의 공장으로 발전하였다.

그 결과 세계의 노동력이 배증하였다. 공산권 붕괴 전에는 개발도상국들이 선진 시장경제국과 교역하였으나, 이 개발도상국조차도 시장을 활짝 열지는 않았다. 당시 세계 시장의 노동 인구는 선진국에 약 4억 6,000만 명, 개발도상국에 약 10억 명, 도합 14억 6,000만 명 정도였다. 그런데 공산권 붕괴 후에 러시아와 중국, 또 그전까지 폐쇄적이었던 인도까지 세계경제에 편입됨으로써 세계의 노동력이 29억 3,000만 명으로 일약 두 배가 된 것(the Great Doubling)으로 추정된다. 엄청난 지각 변동이었다. 이렇게 새로 늘어난 노동력은 주로 저기술의 저임금 노동력이었고, 중국과 구 공산권 제국에서는 그를 활용한 경공업이 대거 발흥하였다. 임금 수준이 워낙 낮은 중국과 인도에서 생산된 경공업 제품이 세계 시장에서 압도적 경쟁력을 가졌다. 선진국에 남아 있던 경공업은 물론이고 한국과 같은 신흥공업국의 경공업도 큰 타격을 받고 쇠퇴하게 되었다.

세계화의 두 번째 주요한 요인은 무역 자유화였다. 관세 및 무역에 관한 일반 협정(GATT)에서는 여러 차례의 라운드(다자 간 무역협상)를 통하여 무역 자유화가 계속되었는데, 특히 1986년부터 1994년까지 117개국이 참여한 우루과이라운드를 통하여 기존 관세율을 1/3 감축하고 농산물 및 섬유류 무역을 GATT에 편입하였으며 서비스무역과 지적재산권 보호 및 투자 관련 조치에 대한 규범을 마련하였다. 그리고 같은 시기 많은 개발도상국에서 국제 생산 네트워크에 참여해 공업을 유치하기 위하여 관세를 인하하고 다국적 기업의 투자에 대한 규제를 대폭 철폐하였다.

우루과이라운드의 결과로 1995년에 더 강력한 다자 간 무역기구로서 세계무역기구(WTO)가 출범하였다. GATT는 하나의 국제협정이기 때문에 국제무역 거래의 감독과 분쟁 해결 기능이 미흡하였다. WTO는 의사결정과 분쟁 해결에서 더 구속력 있는 국제기구였다. WTO는 상품, 서비스, 생산요소 등이 국경 간에 자유롭게 이동하는 세계경제의 출현을 지향하였다.

세계화의 또 하나의 요인은 정보통신기술(ICT) 혁명이다. 1990년대에 전 세계적으로 퍼스널 컴퓨터(PC)가 대거 보급되었다. 이 PC에는 갈수록 정보 저장량과 정보 처리 속도를 획기적으로 높인 고집적 반도체가 사용되었다. 또 인터넷이 보급되었다. 휴대폰, 무선통신기기도 역시 1990년대에 널리 보급되었다. 컴퓨터의 계산 능력은 기하급수적으로 향상되었으며, 데이터 전송 능력은 그보다 더 빠른 속도로 커졌다. 원거리 정보 공유에 획기적 혁신이 일어나, 공간적으로 분리된 활동을 쉽고 빠르고 안전하게 조정·관리할 수 있게 되었다. 이로써 미국, 일본, 독일, 영국, 프랑스, 이탈리아, 캐나다 G7 국가의 전문지식이 개발도상국의 노동과 결합하는 일이 가능해졌다.

이렇게 세계 시장 확대, 무역 자유화와 정보통신 기술 혁명이 한꺼번에 진행된 결과, 생산의 국제화(internationalization of production) 현상이 나타났다. 생산의 국제화는 한 제품의 제조 과정에서 부품 생산과 조립이 여러 번 국경을 넘나들면서 이루어지는 국제분업체제의 형성을 뜻한다. 달리 말하면, 한 제품의 생산 과정에서 여러 단계가 국제적으로 이전되는 것이다. 전통적인 국제분업은 한국은 섬유제품을 생산하고 미국은 농산물을 생산해 교환하는 식의 산업 간 분업이었으나, 1990년대 이후에는 한 제품의 산업에서 여러 나라에 걸쳐 분업이 편성되어 부품 교역이 이루어지는 산업 내 무역이 활발하였다. 예를 들면, 스마트폰의 경우와 같이 부품별로 국제분업이 이루어져, 제품의 생산 과정에서 동일 부품이 여러 번 국경을 넘어 조립 가공된 후 최종 제품이 나오는 것이다.

한 제품의 생산 단계가 여러 나라에 분산되는 것을 '생산의 조각화'(production fragmentation)라고도 부르며, 또 그 산업에서 각국 기업이 제품 생산 과정의 특정 단계에 전문화한다는 점에서 그를 수직적 특화(vertical specialization)라고도 부른다. 이렇게 생산된 제품의 부가가치는 여러 나라에 걸쳐서 창출된 부가가치가 더해진 것이라는 의미에서 그를 글로벌 가치 사슬(global value chain)이라고도 부른다.

생산의 국제화 영향으로 세계 무역이 급증하였다. 전 세계의 GDP 대비 상품 무역의 비중을 보면, 1974년 제1차 오일쇼크 이후 1990년대 초까지 30%선에서 정체해 있다가 2000년대 말까지 불과 10년 사이에 50% 수준으로까지 급속히 커졌다. 이것은 생산의 국제화처럼 한 상품의 제조 과정에서 관련 부품이 여러 번 국경을 넘음으로써 무역액이 중복 계산되었기 때문이기도 하다.

생산의 국제화는 세계 제조업과 GDP의 국가별 구성에서 지각 변동을 일으켰다. 세계 제조업에서 G7 선진국의 비중이 줄고 중국, 한국, 인도, 인도네시아, 태국, 폴란드 등 6개 공업화국(Industrializing 6 countries: I6)의 비중이 커졌다. 그림 10처럼 세계 제조업 중 G7의 비중은 1990년 65%에서 2010년 47%로 줄어든 반면, 6개 공업화국의 비중은 1990년 7%에서 2010년 25%로 높아졌다. 세계 GDP 중 G7의 비중도 1990년 66%에

|그림 10| **세계 제조업 점유율의 변화**

(단위: %)

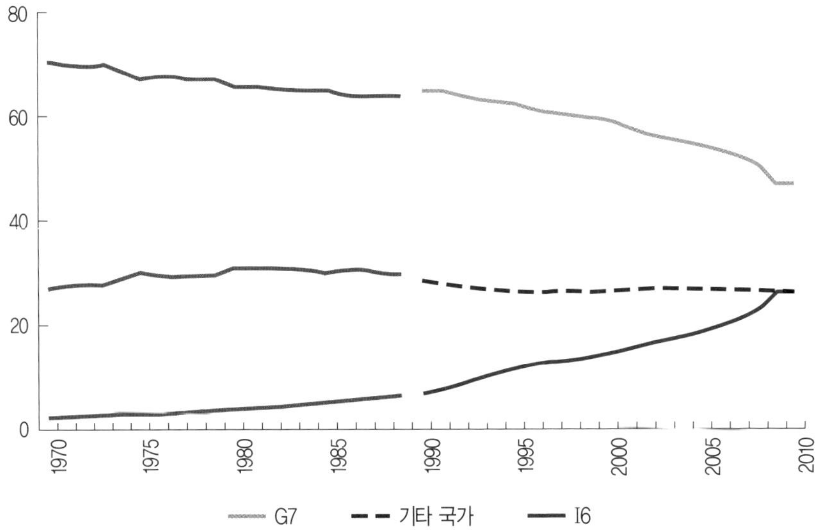

자료: 볼드윈(2019: 10).

서 2010년 48%로 떨어졌다. 그 대신 세계 GDP 중 비중이 0.3%p 이상 커진 6개 공업화국과 5개 원자재 생산국 등 11개국(R11)•의 비중은 10%에서 24%로 커졌다. 세계화의 흐름을 타고 이 신흥공업국과 자원부국이 고도성장을 하고 빈곤에서 탈피하였다. 이 점에서 이 나라들이 세계화의 수혜자요, 승자라 하겠다.

11개국(R11): 6개 공업화국은 1990~2010년에 이후 세계 제조업에서 점유율이 0.3%p 이상 증가한 나라를 꼽은 것이다. 한편, 같은 기간 중 세계 GDP 중 비중이 0.3%p 이상 늘어난 11개국은 중국, 인도, 브라질, 인도네시아, 나이지리아, 한국, 호주, 멕시코, 베네수엘라, 폴란드, 튀르키예이다.

이러한 세계경제의 변화로 인해 이미 개방도가 높은 한국경제는 큰 영향을 받게 되었다. 중국과 인도,

동남아시아 국가에서 경공업이 새로 발흥하면 이미 높은 임금에 도달해 있는 한국의 경공업은 그와 경쟁할 수 없었다. 한국의 경공업 회사는 한국 내 공장을 폐쇄하고 설비를 중국이나 동남아시아, 서남아시아로 이전하였다. 이로써 한국 내 경공업은 쇠퇴하였다. 반면, 한국의 중화학 기업은 중국과 인도, 동남아시아의 경공업에 소재와 부품을 공급할 수 있었다. 이로써 한국의 중화학공업이 일대 수출 기회를 맞았다.

한국의 수출은 1997~2017년의 20년간 4.2배로 커졌다. 같은 기간 중 명목 GDP는 2.84배 커졌을 뿐이어서, 수출이 GDP 대비 더 빠른 속도로 증가하였다. GDP 대비 수출 비율은 외환위기 전 GDP의 25% 정도이던 것이 2000년대 말부터 45%를 넘어서, 2010년대 초에는 50%도 넘었다. 수출, 수입을 합한 무역의존도도 높아져 1998년부터 80% 전후가 되었고 2011~2012년에는 100%를 넘었다. 그 후 2010년대 말까지 수출의 비중이 40% 전후로, 그리고 무역의존도도 80% 수준으로 낮아지기는 하였으나, 이는 비슷한 경제 규모의 스페인, 오스트레일리아, 멕시코 등의 무역의존도가 60% 정도인 것에 비해 매우 높은 편이다. 세계 무역 중 한국의 비중도 커졌다. 세계 수출 중 한국의 비중은 1980년대 말 2% 정도였으나 2000년대에는 3%에 육박하기에 이르렀다.

그 한 요인으로, 역사적 평균보다 오래 동안 낮게 유지된 원화 가치가 생산자원을 내수산업에서 수출산업으로 이동시킴으로써 수출과 무역의 비중을 키우는 결과를 낳았다. 달러화 환율은 외환위기 전까지 1달러 900원 이하였으나 외환위기 후에는 2006~2007년에 900원대를 기록한 외에는 항시 1,000원을 넘었다.

또 하나의 요인은 수출과 수입이 생산의 국제화에 따라 부풀려진 것이었다. 생산 단계가 국제적으로 분산된 결과 한국의 수출품에 사용된 해외 생산 중간재의 비중이 커졌고, 그만큼 수출액이 부풀려졌다. 수출액에서 해외 중간재 사용액을 뺀 부가가치 기준의 수출은 2009년 수출액의 58.5%인데, 이는 1995년 수출액 중 같은 부가가치 기준의 수출 비율 75.5%로부터 대폭 낮아진 것이다. 여하튼 이 무역의존도의 급상승은 수출주도형 한국경제가 세계화에 적응한 결과라 하겠다.

외환위기 후에는 수출이 한국의 경제성장을 이끌었다. 그림 11에서 보는 바와 같이, 외환위기 전 40%에 육박한 총고정자본 형성률은 그 후 30% 수준으로

|그림 11| 외환위기 후의 경제성장

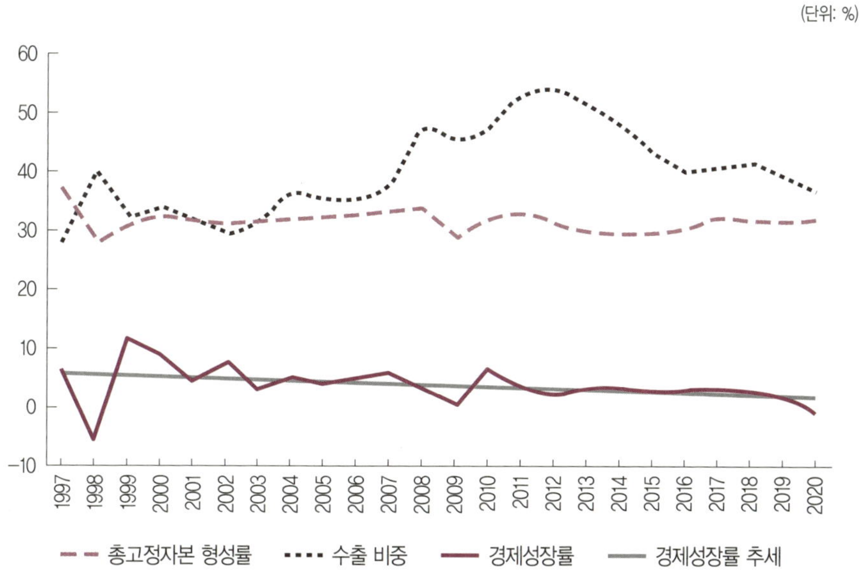

자료: 한국은행 경제통계시스템.

낮아져 횡보하였다. 대신 수출 비중이 높아졌고, 경제성장률은 2000년대 전반기에 연평균 5.0%로 높았다가 후반기에 연평균 4.3%로 다소 낮아졌으며, 2010년대 전반에 연평균 3.0%, 2010년대 후반에 2.0%로 갈수록 낮아졌다. 소득 수준이 높아질수록 성장률은 낮아지는 법이지만, 외환위기 이후 20여 년 사이에 성장률이 추세적으로 낮아진 것이 특징이다.

한편, 품목별 수출 내역을 보면 전자기기, 기계,

운수장비 수출이 특히 증가하였다. 1997~2017년간에 전자기기, 기계 및 운수장비 수출은 5배 증가하여, 전체 수출 증가 속도를 앞질렀다. 이 제품의 수출액이 전체 수출에서 차지하는 비중은 1997년 50%에서 2017년 59%로 높아졌다. 지역별로는 대중국 수출과 수입이 증가하였다. 대중국 수출은 외환위기 직전부터 2000년까지 전체 수출의 10%선이었으나, 2000년 이후 급속히 증가하였다. 중국은 2003년 미국을 제치고 1위 수출대상국이 되었다. 대중 수출 비중은 2005년 21.8%로서 5년 만에 두 배가 되었고, 2010년에는 25.1%에 달하고 그 후 수준을 유지하였다. 2010년 대중 수출은 대미, 대일 수출을 합한 것(16.7% 비중)보다 훨씬 더 컸다.

이 수출 증가는 전자기기, 기계, 운수장비 업종에서 한국 기업이 세계화의 흐름에 올라탄 덕분이었다. 반도체와 휴대폰 등 전자부품 및 전자기기, 자동차, 조선, 화학 등에서 한국 산업이 세계 가치 사슬에 깊숙이 편입되었다. 특히 1990년대부터 전기 및 전자기기의 수출을 위한 생산 네트워크가 일본, 한국과 대만, ASEAN, 중국 등 아시아에 집중 형성되었는데, 한국의 전기 및 전자기기 제조업이 그 수혜를 입었다.

|그림 12| 세계 가치 사슬 중류의 한국경제

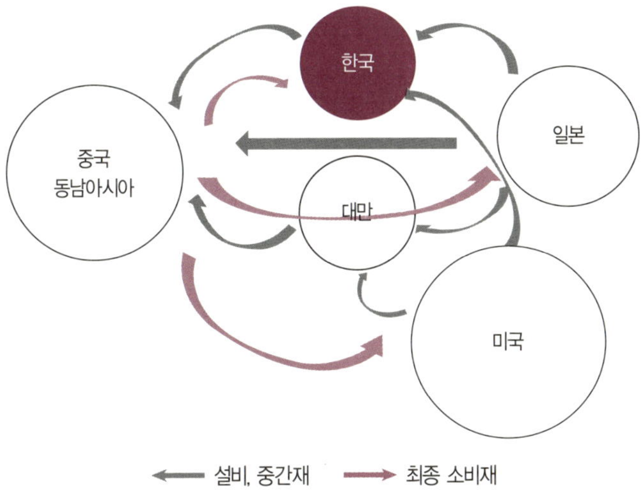

자료: 이영훈(2016: 536~542)에 따라 저자 작성.

수출액 중 다른 나라에서 수입된 중간재의 비율을 수출의 후방연관, 수출액 중 다른 나라의 수출산업에 중간재로 투입된 비율을 수출의 전방연관이라 한다. 무역을 통해 연결된 세계 가치 사슬에서는 중간재 수출 비중이 높은 나라가 상류에, 중간재 수입 비중이 높은 나라가 하류에 있다고 할 수 있다. 따라서 상류국은 수출의 전방연관이 높고, 하류국은 수출의 후방연관이 높다. 2000년대의 한국은 수출의 후방연관이 전방연관보다 크나, 세계 가치 사슬의 최하류국인 중국과 동남아시아에 그 수출품 생산을 위한 중간재를 공급하는 중류(中流)의 위치에 있다(이영훈 2016: 536-542). 중국과 동남아시아가 세계의 최종 소비재 공급지로 급성장할 때 한국은 이 나라들에 중간재를 공급하면서 수혜를 입었다.

전자, 자동차, 화학 분야에서는 세계 톱 레벨 기업으로까지 성장한 한국 기업이 나왔다. 삼성전자가 대표적인데, 삼성전자는 외환위기 전까지만 해도 중저가의 TV, 냉장고, 전자레인지 등 가전을 주력으로 하면서 메모리 반도체 제조를 병행하는 업체였다. 그러나 2000년대 이후 메모리 반도체 시장의 세계 최강자이자 톱 레벨의 휴대폰 및 가전업체로 성장하였다. 삼성전자는 2000년에도 매출액 41조 원, 영업이익 6조 원으로서 우량기업이었지만, 2017~2018년에는 매출 240조 원 전후의 매출에 50조 원대의 영업이익, 20%가 넘는 영업이익률을 보인 세계 초우량 기업이 되었다. 반도체 경기의 부침에 따라 회사의 영업이익률은 상당한 진폭을 기록하고 있으나, 삼성전자는 스마트폰과 파운드리 반도체 시장에서 세계 전자업계의 최선두 기업인 애플, TSMC와 치열한 승부를 벌이고 있다. 그 밖에 현대자동차, LG화학 등은 각기 자동차와 전기배터리 시장에서 세계적 강자로 등장하였는데, 이는 한국

|그림 13| 1999~2018년간 삼성전자의 매출액과 영업이익 변화

(단위: 조 원)

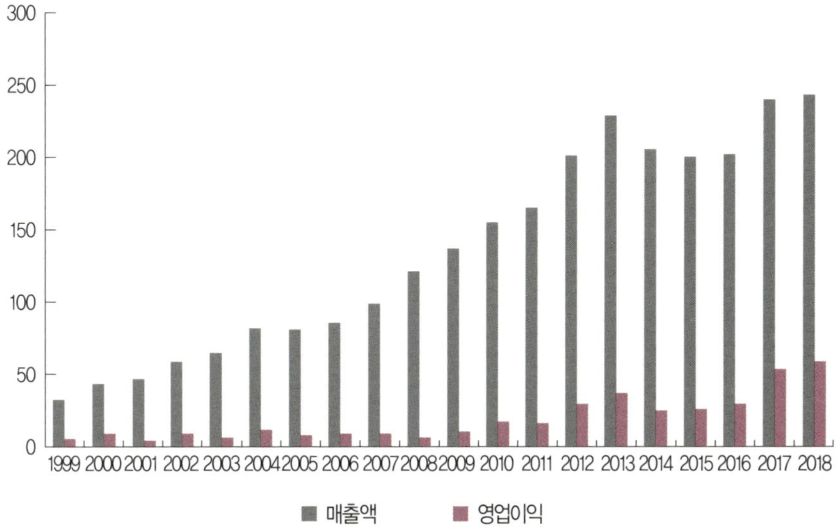

자료: 금융감독원 전자공시시스템.

기업이 세계화에 성공적으로 대응한 사례라 하겠다.

나가며

수출지향공업화 전략은 개발경제학의 상식(conventional wisdom)이 아니었다. 개발경제학에 따르면, 막대한 잠재실업 상태의 노동력을 가진 후진국은 외자를 도입하여 공업 투자를 하면 쉽사리 경제성장을 할 수 있다고 조언하였다. 물론 그 공업은 수입 대체 공업이었다. 그런 조언에 따라 여러 후발국에서 외자를 도입해 수입대체공업화를 하였다. 미국 원조를 얻을 수 있었던 1950년대의 한국도 그중 한 나라였다. 원조가 줄어든 1960년대 초 경제개발에 착수한 박정희 정부도 같은 방식의 공업화를 시도하였지만, 외자를 얻을 수 없었기 때문에 곧바로 외환 고갈과 물가급등 사태를 맞았다. 이는 다른 후발국과 달리 한국에 외화가득원이 될 1차 산품이 없기 때문이었다. 박정희 정부는 경제개발을 중단해야 할 상황에 처하였다.

마침 예기치 않게 몇 가지 공산품 수출이 늘었고, 민간 기업인들은 수출입국을 제창하였다. 정부와 민간 기업 사이에는 활발한 정보교류와 의사소통이 있었다. 박정희 정부는 마침내 수출 공업의 진흥을 통한 경제개발로 방향을 잡았다. 증산, 수출, 건설을 내건 1965년 1월 박정희 대통령의 국회 연두교서 발표는 그 공식 세리머니였다. 이 점에서 한국에서 수출지향공업화 전략의 수립은 민관협력의 산물이었다. 물론 그것을 국가 정책 목표로 채택한 것은 집권자 박정희였다.

내포적 공업화(=수입대체공업화)의 좌절 후 '남은 선택지'로서 수출지향공업화 전략이 선택되었다는 주장(기미야 다다시 2008)은 이 사태의 경과에 관한 적절한 요약이 될 수 없다. 당시 수입대체공업화와 수출지향공업화라는 두 옵션이 있었던 건 아니다. 옵션은 수입대체공업화뿐이었다. 그 길이 막힌 상태에서 박정희 정부가 가까스로 발견한 것이 수출지향공업화이었다. 그것은 전인미답(前人未踏)의 길이었다. 그것은 공업이 미발달한 후진국이 공업화된 선진국에 공산품을 수출한다는 '말이 안 되는' 구상이었다. 한마디로 궁즉통(窮即通), 아무런 수가 없는 상황에 몰리니 오히려 수를 찾아낸 것이었다.

수출지향공업화는 한국이 천연자원이 없는 빈국이었기에 선택되고 또 실행할 수 있는 전략이었다. 한국에 수출할 만한 석유나 금속광물, 혹은 농산물이 풍부하게 있었다면, 한국은 외자를 도입해 공업화, 곧 수입대체공업화를 추진할 수 있었을 것이다. 새로 건설된 공업은 관세 및 비관세 장벽의 보호를 받으며 국내 시장에서 안주하느라, 세계에서 경쟁할 수 없는 공업이 되기 십상이었을 것이나, 1차 산품 수출로 획득한 외화로 그 상황을 버티는 식이 되었을 것이다.

또 중동 산유국과 같이 풍부한 천연자원 덕에 한국의 소득 수준이 높았다면, 한국산 경공업 제품은 높은 임금 때문에 수출 경쟁력을 가질 수 없었다. 하지만 자원빈국 한국에서 저임금 노동력을 활용해 생산된 가발, 합판, 의류, 신발 등의 경공업 제품은 세계 시장에서 팔릴 수 있었다. 한 시절 비판가들이 한국의 노동 상황을 집약한 '장시간의 저임금 노동'은 한국이 수출지향공업화를 할 수 있었던 제1조건이었다.

수출지향공업화에 나선 한국과 대만 등은 당시 후발국 중 예외적이었다. 훗날 '세계의 공장'으로 부상한 중국은 그 무렵 문화혁명의 자해대란(自害大亂)에 빠졌다. 멕시코·브라질 같은 라틴아메리카 국가들은 외국에서 수입하던 상품을 국내에서 생산하는 수입대체공업화에 치중하였다. 수출에 눈을 뜬 한국과 대만은 한 학급에서 다른 학생들이 다 놀고 있는데 혼자 공부하는 학생과도 같았다.

그런데 한국은 단순 경공업 제품의 생산에 머물지 않았다. 본디 공업화는 그 부문에서 학습(learning-by-doing)을 통한 생산성 향상과 관련 부문으로의 기술과 지식의 확산(spillover)을 통해 경제 전반의 생산성 향상을 가져올 수 있다. 더욱이 한국에서는 정부가 적극적 산업정책을 써서 중화학공업화를 추진하였고, 그에 따라 수출산업도 고도화하였다.

경공업 제품에서 중공업 제품으로의 수출 대체가 진행되었다. 반도체와 스마트폰, 2차전지, 자동차, 초대형 선박을 수출하는 2020년대의 한국에서 50여 년 전 인형, 스웨터, 가발, 합판을 수출하던 일은 까맣게 잊힌 이야기가 되었다. 성경 욥기의 말씀처럼 "시작은 미약하였으나 나중은 심히 창대하"였다. 이는 조선공업이나 자동차공업의 예에서 보는 바와 같이, 그 기술자와 근로자가 기술을 학습하고 숙련도를 높이며 인적 자본을 축적한 덕분이기도 하였다. 그렇기에 한국인은 2020년대에 들어와서는 1인당 소득 3만 달러 시대를 살게 되었다.

반세기가 넘는 한국 수출 공업의 발전과 더불어

한국경제에서는 격차형 산업구조가 만들어졌다. 한편에 세계적 경쟁력을 가진 수출 제조업이 있는가 하면, 다른 한편에는 빈약한 내수 서비스업과 농업이 병존한다. 근래의 한국경제에 관해 격차 사회니 양극화니 하는 비평이 횡행하지만, 이것은 수출 대기업이 누군가를 착취하거나 그 협력업체에 정당한 대가를 지불하지 않았기 때문이 아니다. 억대 연봉을 받는 수출 대기업의 근로자는 거론할 필요도 없거니와, 그 협력사와 소속 근로자 역시 양극화의 다른 극단이 아니라, 형편이 좋은 편에 속한다. 내수 서비스업이 심한 침체 상태에 있지만, 수출 대기업에 그 책임이 있지는 않다. 반세기 넘는 세월 동안 세계 시장에서 치열하게 경쟁하면서 성장한 한국의 수출 대기업은 세계 최고 수준의 생산성에 도달하였지만, 아무런 혁신의 계기가 없던 내수 서비스업은 침체를 면치 못하였다. 이 상황을 돌파하는 것이 시대의 과제가 되어 있다.

참고문헌

강광하 외(2008), 『한국고도성장기의 정책결정체계』, KDI.
경제기획원, 『한국통계연감』, 각년판.
______(1982), 『개발연대의 경제정책 - 경제기획원30년사』 I.
국방군사연구소(1996), 『월남전쟁과 국가발전』.
기미야 다다시(2008), 『박정희 정부의 선택』, 후마니타스.
김경수(2015), 「한국의 금융」, 이제민 외, 『한국의 경제발전 70년』, 한중연출판부.
김광석(2005), 「1960년대 수출지향적 공업화정책의 추진」, 조이제 외, 『한국근대화, 기적의 과정』, 월간조선사, 271~306.
김광석·웨스트팔(1976), 『한국의 외환·무역정책』, 한국개발연구원.
김낙년(1999), 「1960년대 한국의 공업화와 그 특징」, 『1960년대 한국의 공업화와 경제구조』, 백산서당, 11~76.
김일영(2004), 『건국과 부국 - 한국현대정치사 강의』, 생각의 나무.
대통령비서실(1966), 『박정희대통령 연설문집 2: 1965. 1~1965. 12』.
류석춘(2018), 『박정희는 노동자를 착취했는가』, 기파랑.
마크 레빈슨 저, 최준영 역(2023), 『세계화의 종말과 새로운 시작』, 2(Marc Levinson(2020), *Outside the Box: How Globalization Changed from Moving Stuff to Spreading Ideas*, Princeton University Press).
밀라노비치(2017), 『왜 우리는 불평등해졌는가』, 21세기북스.
박근호 저, 김성칠 역(2017), 『박정희 경제신화 해부: 정책없는 고도성장』, 회화나무(『韓國經濟發展論』, 御茶の水書房, 2015).
박태균(2006), 『우방과 제국, 한미관계의 두 신화』, 창작과비평사.
______(2007), 『원형과 변용』, 서울대학교출판부.
배석만(2011), 「현대중공업의 초창기 조선기술 도입과 정착과정 연구」, 『경영사학』 26(3), 181~213.

______(2014), 「조선산업의 성장과 수출 전문 산업화」, 박기주 외, 『한국중화학공업화와 사회의 변화』, 대한민국역사박물관, 387~450.
볼드윈(2019), 『그레이트 컨버전스』, 세종연구원.
송의영(2015), 「무역과 한국의 경제성장」, 이제민 외, 『한국의 경제발전 70년』, 한중연출판부, 419~503.
양윤세·주익종(2017), 『고도성장 시대를 열다』, 해남.
오원철(1996a, b, c, d, e), 『한국형경제건설』 1~5, 한국형경제정책연구소.
______(1997), 『한국형경제건설』 6, 한국형경제정책연구소.
______(1999), 『한국형경제건설』 7, 한국형경제정책연구소.
윤충로(2006), 「파월기술자 경험」, 『사회와 역사』 71, 217~250.
______(2008), 「베트남전쟁 시기 '월남재벌'의 형성과 파월 기술자의 저항」, 『사회와 역사』 79, 93~128.
______(2015), 『베트남전쟁의 한국사회사』, 푸른역사.
이기홍(1999), 『경제근대화의 숨은 이야기』, 보이스사.
이상철(1997), 「한국화학섬유산업의 전개과정」, 서울대 박사학위논문.
______(2002), 「1960-1970년대 한국산업정책의 전개」, 『경제와 사회』 56, 110~137.
______(2008), 「마산 수출자유지역의 초기 발전과정」, 『경제발전연구』 14(2), 51~91.
______(2015), 「수출지원정책의 형성과 경공업제품 수출」, 박경로 외, 『한국의 무역성장과 경제사회 변화』, 대한민국역사박물관, 99~130.
윌리엄 이스터리 저, 박수현 역(2008), 『성장, 그 새빨간 거짓말』, 모티브북(William Easterly(2002), "The Elusive Quest for Growth," *Journal of Comparative Economics*).
이영훈(2012), 「1960년대 전반 개발 전략의 전환과 그것의 경제사적 배경」, 『경제논집』 51(1), 107~123.
______(2016), 『한국경제사』 Ⅱ, 일조각.
______(2022), 「10월 유신의 새로운 이해」, 『숨결이 혁명될 때』, 지우출판, 357~384.
이완범(2006), 『박정희와 한강의 기적 -1차5개년계획과 무역입국-』, 선인.
이정은(2017), 「박정희 정권시기 대자본의 외자 도입과 금융기관 진출 연구(1960~1973년)」, 고려대 박사학위논문.
이제민(2015), 「한국의 경제성장」, 이제민 외, 『한국의 경제발전 70년』, 한중연출판부, 11~88.
______(2017), 『외환위기와 그 후의 한국경제』, 한울.
재무부 관세국(관세청), 『무역통계연보』, 각년판.
전자산업50년사편찬위원회(2009), 『기적의 시간 50』, KEA.
조이제·카터 에커트 편(2005), 『한국근대화, 기적의 과정』, 월간조선사.
주익종(2017a), 「박정희 정부 초기의 한미 경제협력 교섭」, 『경제사학』 41(1), 39~65.
______(2017b), 「1960년대 초중반 한국의 환율개정」, 『경제사학』 41(2), 161~188.
______(2018), 「박정희 정부는 어떻게 베트남 특수를 일으켰나?」, 『경제사학』 42(1), 37~78.
최병천(2022), 『좋은 불평등』, 메디치.
최상오(2000), 「1950년대 외환제도와 환율정책에 관한 연구」, 성균관대 박사학위 논문.
______(2003), 「이승만정부의 경제정책과 공업화」, 『경제사학』 35, 135~165.
______(2005), 「외국원조와 수입대체공업화」, 이대근 외, 『새로운 한국경제발전사』, 나남출판, 349~375.
______(2010a), 「한국에서 수출지향공업화정책의 형성과정」, 『경영사학』 25(3), 197~223.
______(2010b), 「한국의 수출지향공업화와 정부의 역할, 1965~1979」, 『경영사학』 25(4), 355~383.
통계청(1995), 『통계로 본 한국의 발자취』.
한국개발연구원(1991), 『한국재정 40년사』 제4권.
핫토리 타미오(2007), 『개발의 경제사회학: 한국의 경제발전과 사회변동』, 전통과 현대.
현대자동차(1989), 『현대자동차이십년사』.
현대중공업(1992), 『현대중공업사』.
朴根好(1993), 『韓國の經濟發展とベトナム戰爭』, 東京: 御茶の水書房.
安倍 誠·金都亨 編(2015), 『日韓関係史 1965-2015 Ⅱ 経済』, 東京大学出版会.
木宮正史(1996), 「ベトナム戰爭とベトナム特需」, 『韓國·台湾の發展メカニズム』, アジア經濟研究所, 243~267.
佐野孝治(1992), 「韓國經濟へのベトナム戰爭の影響: 韓國におけるNIES型發展の基

礎形成」,『三田学會雜誌』84(4), 203~230.

宮 崎犀一 外(1984),『近代國際經濟要覽』, 東京大學出版會.

Cole, D. and P. Lyman(1971), *Korean Development-The Interplay of Politics and Economics*, Harvard University Press.

Haggard, S. M., Byung-Kook Kim, and Chung-In Moon(1991), "The Transition to Export-led Growth in South Korea: 1954~1966," *The Journal of Asian Studies*, 50(4), 850~873.

Kim, K. S.(1991), "The 1964-65 Exchange Rate Reform," in Cho and Kim, eds., *Economic Development in the Republic of Korea: A Policy Perspective*, East-West Center.

Krueger, A.(1995), "Policy Lessons from Development Experience since the Second World War," In R. Behrman and T. N. Srinivasan, eds., *Handbook of Development Economics Ⅲ B*, North-Holland, 2497~2550.

Kwak, Tae Yang(2006), "The Anvil of War: The Legacies of Korean Participation of Vietnam War," Ph.D. Dissertation, Harvard University.

Macdonald, D. S.(1992), U.S.-Korean Relations from Liberation to Self-Reliance-The Twenty-Year Record, Westview Press.

Maddison(2001), *The World Economy: A Millennial Perspective*, OECD.

Pack, H. and L. E. Westphal(1986), "Industrial Strategy and Technological Change: Theory versus Reality," *Journal of Development Economics*, 22(1), 87~128.

Rodrik, D.(1995), "Getting Interventions Right: How South Korea and Taiwan Grew Rich," *Economic Policy*, 20, 53~107.

Satterwhite, D. H.(1994), "The Politics of Economic Development: Coup, State, and the Republic of Koreas First Five-Year Economic Development Plan," Ph.D. dissertation, University of Washington.

Stern, J. et al.(1995), *Industrialization and the State: The Korean Heavy and Chemical Industry Drive*, HIID and KID.

찾아보기

[ㅅ]

[ㅇ]